날마다 새로운 하루

레프 톨스토이(Lev Tolstoy)

야스나야 폴랴나의 전원에서 태어나 천진난만하고도 시적인 소년 시절을 보냈다. 청년기에는 작위적인 방황에 빠졌으나 23세에 캅카스(코카서스)의 포병대 사관후보생으로 웅대한 자연과 벗하게 되면서 문학에 눈을 뜬 뒤, 「전쟁과 평화」, 「안나 카레니나」, 「부활」, 「참회록」 등 문학사상 불멸의 걸작을 남겼다.

평생을 통해 영과 육의 싸움에 괴로워하며 늘 자연인이 되기를 갈망했던 그는, 1910년 방랑생활에서 얻은 병으로 작은 시골 역 관사에서 파란 많은 삶을 마쳤다.

이 책은 우리나라에서 「인생독본」으로 널리 알려진 톨스토이의 「독서의 주기」에서 주옥같은 글을 가려 뽑고 독자들이 글을 읽은 감상이나 자신의 생각을 적을 수 있도록 편집하여, 단순히 읽는 책이 아니라 독자들이 참여하여 함께 만들어가는 책이 되도록 하였다.

러시아의 작가 알렉산드르 솔제니친은 「인생독본」을 일러 이렇게 말했다.

"이 세상에서 단 한 권의 책만 가지라 하면 나는 주저 없이 톨스토이의 「인생독본」을 선택하리라."

최종옥

한국외국어대학교 경제학과를 졸업하고, 서강대학교 대학원에서 경제학을 전공했다. 대한항공, 코카콜라, 외국계 금융기관에서 자금 및 국제금융 업무를 담당했다. 현재는 북코스모스 대표로 활동하면서 여러 매체에 경제·경영 분야 서평을 기고하고 있다.

옮긴 책으로는 「하쿠나 마타타」, 「괜찮아, 잘될 거야」, 「폴 마이어의 성공 시크릿」, 「유럽 제국주의 경제학」, 「리눅스 혁명과 레드햇」, 「어니스트 섀클턴 극한상황 리더십」, 「마켓 리더의 조건」, 「퓨처 리더십」, 「최고의 인생을 위한 게임」 등이 있다.

톨스토이 사색노트

초판 1쇄 인쇄 · 2019년 12월 5일
초판 1쇄 발행 · 2019년 12월 10일

지은이 · 레프 톨스토이
옮긴이 · 최종옥
펴낸이 · 이춘원
펴낸곳 · 책이있는마을
기 획 · 강영길
편 집 · 이경미
디자인 · GRIM_dizein@hanmail.net
마케팅 · 강영길

주 소 · 경기도 고양시 일산동구 무궁화로120번길 40-14(정발산동)
전 화 · (031) 911-8017
팩 스 · (031) 911-8018
이메일 · bookvillagekr@hanmail.net
등록일 · 2005년 4월 20일
등록번호 · 제2014-000024호

잘못된 책은 구입하신 서점에서 교환해 드립니다.
책값은 뒤표지에 있습니다.
ISBN 978-89-5639-321-6 (03320)

이 도서의 국립중앙도서관 출판예정도서목록(CIP)은 서지정보유통지원시스템 홈페이지(http://seoji.nl.go.kr)와 국가자료공동목록시스템(http://www.nl.go.kr/kolisnet)에서 이용하실 수 있습니다.(CIP제어번호 : CIP2019046131)

NOTES FOR CONTEMPLATION
Lev Tolstoy

레프 톨스토이 지음 · 최종옥 옮김

지은이 서문

이 책에 실린 인용문구들은 수많은 작품이나 전집에서 추린 것이다. 그 인용문구들 밑에 저자의 이름은 밝혀놓았지만, 그것의 정확한 출전이나 책 제목을 표시하지는 않았다. 더러는 이 인용문구들이 쓰인 원서를 번역한 것이 아니라, 내가 알고 있는 언어로 번역된 책에서 추린 것도 있어서 번역이 원문과는 꼭 들어맞지 않는 경우도 있다.

독일, 프랑스 또는 이탈리아 사상가들의 글을 번역할 때, 그 원문을 엄격하게 따르지 않고 대체로 이해하기 쉽게 줄였으며, 경우에 따라서는 일부 단어를 생략하기도 했다. 독자들은 파스칼이나 루소 등의 인용문구들이 원문과 다르다고 말할지도 모른다. 하지만 문장을 바꿔 그들의 사상을 보다 잘 이해할 수 있다면 그것이 큰 문제는 아니라고 생각한다. 그러므로 이 책을 다른 말로 번역하려는 사람이 있다면, 굳이 영국 시인 콜리지나 독일 철학자 칸트, 프랑스 사상가 루소 등의 원문을 찾을 필요 없이 내 글을 그대로 번역하라고 권하고 싶다.

이 인용문구들이 원문과 다른 또 하나의 이유는, 길고 복잡한 주장에서 하나의 사상을 뽑아내려면 표현을 분명하게 하고 통일성을 주기 위해 몇몇 단어나 구절을 바꾸지 않을 수 없었다. 어떤 부분은 내가 쓰는 단어로 완전히 바꾼 것도 있다.

내가 이 책을 쓴 목적은 단순히 위대한 사상가들의 글을 옮기는 데 있지 않다. 오히려 일반 대중들이 매일매일 쉽게 읽고 접하여 그들의 위대한 지적 유산들을 활용하자는 데 있다.

아무쪼록 이 책을 읽는 독자들이 내가 이 책을 저술하면서 경험했던, 또 수정증보판을 내기 위해 다시 읽으면서 경험했던 그 지혜롭고 고양된 감정을 맛보기 바란다.

레프 톨스토이
1908년 3월

톨스토이_사색노트

차 례

미래의 내 모습을 생각하면 정말로 그런 사람이 된다

- 쓸데없이 잡다한 지식으로 머릿속을 어지럽히지 말라 _ 12
- 작은 불씨가 들판을 태우듯 무책임한 한마디가 큰 화근이 된다 _ 14
- 헛된 욕망을 이루고자 쏟은 노력의 절반만이라도 버리도록 시도해보라 _ 16
- 진정한 깨달음은 지금까지의 지식을 완전히 잊어버렸을 때 얻을 수 있다 _ 18
- 바람이 부는 방향을 정확히 아는 뱃사공이 되어야 한다 _ 20
- 덕이 있는 사람은 자기 인생의 참된 의미를 이해한다 _ 22
- 자신의 잘못을 깨닫는 것만큼 보람 있는 일은 없다 _ 24
- 지혜로운 사람은 사랑 그 자체에서 행복을 느낀다 _ 26
- 지나간 일에 대해 말하지 말고 모든 미련을 떠나보내라 _ 28
- 대지는 꿈을 좇아 헤매는 우리에게 위안과 희망을 안겨준다 _ 30
- 정욕에 사로잡힌 사람은 무성한 번뇌의 덩굴에 휘감겨 살아간다 _ 32
- 완성을 위한 노력은 모든 인간에게 주어진 사명이다 _ 34
- 참으로 선량한 감정은 항상 단순한 것에서 찾을 수 있다 _ 36
- 영혼을 각성시키는 일이라면 사소한 일이라도 주저하지 말라 _ 38
- 정의로운 행위는 서서히 발아하여 꽃을 피우고 열매를 맺는다 _ 40
- 주의 깊게 듣고 총명하게 질문하고 말할 필요 없을 때 침묵하라 _ 42
- 그대의 현실은 그대의 이상을 실현하기에 가장 좋은 조건이다 _ 44
- 이 세상에서 가장 강한 것은 보이지도 들리지도 않으며 만질 수도 없다 _ 46
- 전쟁은 철저하게 인간이 만들어내는 현상일 뿐이다 _ 48

인생은 단 한 번만 읽을 수 있는 책이다

- 우리 모두는 단 하나의 어머니인 자연의 자식이다 _ 52
- 자연은 우리에게 서로 사랑하는 마음을 불어넣는다 _ 54
- 좋은 사회는 위대한 진리가 실현되는 사회다 _ 56
- 선행을 베풀었다는 의식은 최고의 자부심을 안겨준다 _ 58
- 먼동이 트는 것을 보기 위해 햇불은 필요치 않다 _ 60
- 인간은 죽지만 사색의 결과인 진리는 죽지 않는다 _ 62
- 자기 자신을 이기는 것보다 값진 승리는 없다 _ 64
- 힘이 약해지기 전에 죄를 뉘우치는 자에게 복이 있으라 _ 66
- 지혜와 사랑을 통해 인생의 나아갈 길을 찾아라 _ 68
- 고뇌의 기쁨을 알지 못하면 인생의 참맛도 알지 못한다 _ 70
- 도덕의 확고한 뿌리는 어떠한 힘으로도 뽑아버릴 수 없다 _ 72
- 연약한 인간은 아무런 노력 없이 행복을 얻으려고 한다 _ 74
- 자기 자신이 아니면 그 어떤 것도 평화를 가져다주지 못한다 _ 76

- 강한 사람은 굳게 땅을 딛고 서서 결코 넘어지지 않는다 _ 78
- 겉치레만 요란한 선은 참된 선이 아니다 _ 80
- 마음을 어둡게 하는 모든 것을 깨끗이 쓸어버려라 _ 82
- 말을 하기 전에 다시 한 번 생각하라 _ 84
- 하루하루 일하고 그날그날의 대가를 얻어라 _ 86
- 대지는 일과 생활에 필요한 것을 얻을 수 있도록 허락한다 _ 88

인생은 행복한 사람에게는 짧고 불행한 사람에게는 지루하다

- 맹목적으로 빠져든 신앙은 자신에 대한 저주일 뿐이다 _ 92
- 선이 없이는 진실도 얻을 수 없다 _ 94
- 아무리 미천한 신분일지라도 선을 위해 태어났음을 기억하라 _ 96
- 진정한 자유인은 본질의 내면적 동기에 따라서만 행동한다 _ 98
- 꼭 필요할 때의 휴식은 가장 아름답고 자연스러운 만족이다 _ 100
- 참된 생활은 눈에 보이지 않는 변화가 일어났을 때 시작된다 _ 102
- 슬기로운 사람은 감정대로 움직이지 않는다 _ 104
- 땀 흘리지 않은 손은 물건을 더럽힌다 _ 106
- 말로 하는 천 번의 참회보다 침묵 속에서 하는 한 번의 참회에 미치지 못한다 _ 108
- 먹고 입고 잠자기 위해서는 그리 많은 것이 필요하지 않다 _ 110
- 매순간 부지런하고 용감하게 자기 자신을 감시하라 _ 112
- 지식은 나를 어리석게 만드는 장애물을 제거하는 수단일 뿐이다 _ 114
- 무지한 자에게 인생은 지루할 뿐이다 _ 116
- 마음이 선한 자는 결코 슬픔의 나락으로 떨어지지 않는다 _ 118
- 사랑은 다른 사람을 행복하게 하는 말이요, 실천이다 _ 120
- 도덕이야말로 인간의 내부에 존재하는 영원불멸의 지혜다 _ 122
- 지력은 이 세상에서 가장 위대한 힘이다 _ 124
- 성인은 선행에는 선으로 대하며 악행에도 선으로 대한다 _ 126
- 오직 자기 이익만을 탐하는 사람은 행복할 수 없다 _ 128

그날그날이 1년 중 최선의 날이다

- 악한 사상은 저항할 수 없는 힘으로 사람들을 그 길로 이끌어간다 _ 132
- 가장 중요한 일은 현재 관계를 맺은 사람들과 사랑하며 화합하는 일이다 _ 134
- 내 마음에 못을 박으려는 자들을 초연하게 대하라 _ 136
- 내 손으로 할 수 있는 일을 다른 사람에게 맡기지 말라 _ 138
- 진리는 착오나 편견, 그 어떤 공포보다도 굳세다 _ 140
- 결코 물러서거나 샛길로 빠지지 말고 멈추지도 말라 _ 142
- 불행은 정의롭지 못한 사람의 몫이다 _ 144

- 미움이 없는 세상에서 살 수 있다면 얼마나 행복할까 _ 146
- 무릇 인간이란 불가피하게 그 무엇을 믿어야 하는 존재다 _ 148
- 높은 산에 오르려면 산기슭에서 한 걸음부터 시작해야 한다 _ 150
- 높은 덕성은 하루아침에 얻을 수 있는 것이 아니다 _ 152
- 많은 사람이 수긍해도 착각이 진실이 될 수는 없다 _ 154
- 잘 죽기 위해서는 죽음을 두려워하지 않아야 한다 _ 156
- 어린아이는 눈썹이 눈을 보호하듯 자신의 영혼을 지킨다 _ 158
- 양심은 우리들의 꿈을 쫓아내는 자명종이며 새벽닭의 울음소리다 _ 160
- 자기 힘으로도 어쩔 수 없는 일로 화내지 말라 _ 162
- 토지는 결코 어느 한 개인의 소유물이 아니다 _ 164

시간이 덜어주지 않는 슬픔은 없다

- 정신은 눈에 보이지 않으나 모든 것을 보고 있다 _ 168
- 참다운 생명에 이르는 문은 작고 그 길은 좁다 _ 170
- 육체는 정신이 잠깐 머물러 있는 객줏집일 뿐이다 _ 172
- 진실로 두려워해야 할 것은 허영의 방패일 뿐인 지식이다 _ 174
- 생명 있는 모든 것은 생명을 중히 여긴다 _ 176
- 행복은 외부에 있는 것이 아니라 우리 내부에 있다 _ 178
- 인간의 모든 행위가 이성적인 판단으로 이루어지는 것은 아니다 _ 180
- 속세의 생활은 빛을 어둡게 한다 _ 182
- 성인은 무지를 부끄러워하지 않는다 _ 184
- 곧 죽을지도 모른다는 마음가짐으로 일하라 _ 186
- 자기가 가진 것 이상으로 바라기 때문에 불행하다 _ 188
- 용서와 관용은 모든 사람에게 필요한 미덕이다 _ 190
- 한번 입에 담았던 말은 언제까지고 사라지지 않는다 _ 192
- 인간의 의무를 다하는 데 방해가 되는 병은 없다 _ 194
- 신은 사람들이 일상생활에서 표현해야만 하는 이상이다 _ 196
- 보이지 않는 것이 보이는 것을 만들어내는 것이 인생의 법칙이다 _ 198
- 자신의 존엄성을 자각하는 사람은 자기 자신만을 존경한다 _ 200
- 그대의 능력을 쓸데없는 곳에 소모하지 말라 _ 202
- 자기 영혼을 성찰하는 일은 인간의 의무다 _ 204

우리가 할 일은 오늘이 좋은 날이며, 오늘이 행복한 날이 되게 하는 것

- 사랑은 불행에서 행복을 만들어낸다 _ 208
- 정의를 이루는 곳에 인간의 존엄성이 있다 _ 210
- 마음이 옹졸한 사람은 불평불만을 일삼는다 _ 212

- 자존심은 교만의 시작이다 _ 214
- 내 안에서 들려오는 양심의 소리에 귀를 기울여라 _ 216
- 지켜야 할 도덕은 먼 곳에 있는 것이 아니다 _ 218
- 인간의 용기는 곤란하고 위험한 상황에 처했을 때만 알 수 있다 _ 220
- 잘못은 부끄러워하되 회개하는 것은 부끄러워하지 말라 _ 222
- 교만한 자는 그 이상으로 자신을 높일 수 없다 _ 224
- 순수한 사람은 아무도 알아주지 않는 생활을 할지라도 행복하다 _ 226
- 인생의 가장 중요한 문제를 파악하려면 허위의 지식을 벗어던져라 _ 228
- 무슨 일이든 최후까지 최초와 같이 주의 깊게 행하라 _ 230
- 자신에게 엄격하고 남에게 겸손하면 적도 생기지 않는다 _ 232
- 죽음이 다가오면 응접실에서 나가듯 인생과 이별하라 _ 234
- 영웅은 평범할 수 없고 평범한 사람은 영웅이 될 수 없다 _ 236
- 약한 것은 강한 것을 이긴다 _ 238
- 족함을 아는 사람은 맨땅에 누워 있어도 편하고 즐겁다 _ 240
- 벽에 쓰인 한 줄 낙서에서도 배울 점을 찾아라 _ 242
- 현재의 삶에 최선을 다할 때 자유의 기쁨을 느낄 수 있다 _ 244

내일이란 오늘의 다른 이름일 뿐이다

- 선한 생활은 행복하다 _ 248
- 모든 악의 감정은 반드시 그 사람의 마음에 흔적을 남긴다 _ 250
- 다수의 소리가 반드시 정의의 척도는 아니다 _ 252
- 똑바로 살고 노여움에 지지 말며 요구하는 자에게 내주어라 _ 254
- 사람들은 눈에 보이는 행동만 믿는다 _ 256
- 언어로 표현된 모든 사상은 힘이 세다 _ 258
- 왜 사람들은 자신 속의 악과는 싸우려고 하지 않는가 _ 260
- 변화는 대자연의 가장 중요한 본질 가운데 하나다 _ 262
- 예절의 굴레에서 벗어난 사람은 아주 잘났거나 아주 모자란 사람이다 _ 264
- 허위와 부끄러움은 악마가 즐겨 쓰는 무기이다 _ 266
- 다른 사람에게 저항하기보다 먼저 자신에게 저항하라 _ 268
- 인생에는 체념의 순간도 필요하다는 사실을 기억하라 _ 270
- 눈에 보이지 않는 작은 일이 쌓여 사회변혁이라는 큰 물결을 이룬다 _ 272
- 자신을 믿는다면 어떤 희망도 불만족으로 끝나지 않는다 _ 274
- 덕이 있는 사람은 통찰하기를 게을리하지 않는다 _ 276
- 아이들은 보는 대로 들은 대로 행동한다 _ 278
- 사랑은 나를 위해서는 약하고 남을 위해서는 강하다 _ 280
- 시간은 멈추어 있을 뿐 흘러가는 것은 그대 자신이다 _ 282
- 승리는 목표가 아니라 목표에 도달하는 하나의 단계이다 _ 284
- 쉬지 않고 진리를 추구하는 사람은 반드시 승리한다 _ 286

날마다 새로운 하루 시작하기

NOTES FOR CONTEMPLATION
Lev Tolstoy

If I think about my future self, I really become that **PERSON**

미래의 내 모습을 생각하면
정말로 그런 사람이 된다

■ 사색노트 _ **EVERY DAY** IS A NEW DAY

쓸데없이 잡다한 지식으로
머릿속을
어지럽히지 말라

　그대의 서재 안에 어떤 책들이 있는가를 살펴보라. 수천 년 동안 온갖 문명을 이끌어온 가장 슬기롭고 훌륭한 위인들과 만날 수 있을 것이다. 그들은 고독을 즐기는 은둔자들이며 소란한 것을 싫어하고, 예의범절을 지키는 데도 까다롭기 그지없어서 그대와는 동떨어진 인격체일 수도 있다. 그러나 그들이 가장 아끼는 벗에게도 털어놓지 않았던 위대한 사상이 여기 낯모르는 우리들을 위하여 낱낱이 기록되어 있다고 생각해보라. 우리는 책을 통해서 고도의 지적 성과물을 얻게 되는 것이다.
- 에머슨

　닥치는 대로 책을 읽거나 쓸데없이 잡다한 지식으로 머릿속을 어지럽히지 말라. 진실로 피가 되고 살이 되는 그 무엇을 얻고 싶다면 좋은 책을 가려 읽어야 한다. 이것저것 가리지 않는 마구잡이식 독서는 오히려 두뇌를 망가뜨릴 뿐이다.
- 세네카

　독서는 단지 사상의 샘이 고갈되었을 때만 하는 것이 좋다. 사상의 고갈은 똑똑한 사람들도 흔히 겪는 일이다. 간혹 목적 없는 독서로 아직은 굳건하게 뿌리내리지 못한 자기 사상을 잃어버릴 수도 있다. 그것은 차라리 자기 정신에 죄를 짓는 것과 같다.
- 쇼펜하우어

만약 불을 붙일 힘이 없다면 그것을 끌 힘도 없기 마련이다.

date /   /

hour / minute: 오늘 발견한 나의 모습

hour / minute: ☆ 내일을 위한 오늘의 키워드

| 사색노트 _ **EVERY DAY** IS A NEW DAY

작은 불씨가 들판을 태우듯
무책임한 한마디가
큰 화근이 된다

범사에 삼가라. 말로 인하여 죄를 범하는 일이 없기를. 사악한 자신의 입을 조심할지어다.
– 성서

우리가 살아가는 이 세계는 천 명의 사람들이 합심해서 서로 노력하는 가운데 각자 흩어져서 일하는 것보다 훨씬 더 많은 것을 창조해나가야 한다. 그러나 이 말이 999명의 사람들이 나머지 한 사람의 노예가 되어야 한다는 뜻은 결코 아니다.
– 러스킨

보라, 인간은 올가미를 씌워 짐승들을 지배한다. 보라, 제아무리 부피가 커서 모진 풍랑에도 잘 견디는 배도 단지 사공의 손으로 저어가는 작은 키(舵) 때문에 움직인다. 말의 힘도 이와 같아서 몇몇 사람이 무책임하게 던진 한마디 말이 큰 화근이 되기도 한다. 작은 불씨 하나가 얼마나 많은 사람의 목숨과 재산을 앗아가는가. 사람의 입에서 나오는 말도 불처럼 무서운 것이다.
– 성서

비록 우리가 원치 않는다 할지라도 우리들 자신은 세상의 모든 것들과 연결되어 있다. 사상이나 지식의 교류, 특히 타인과의 관계는 우리들 자신과 이 세계를 연결시키는 분명한 매체이다.

date / _____ , _____ /_____

hour / minute: | 오늘 발견한 나의 모습

hour / minute: ☆ 내일을 위한 오늘의 키워드

사색노트 _ EVERY DAY IS A NEW DAY

헛된 욕망을 이루고자
쏟은 노력의 절반만이라도
버리도록 시도해보라

총알에 맞은 상처는 치료할 수 있다. 그러나 사람의 말에 맞은 상처는 끝내 치유되지 않는다.
- 페르시아 잠언

사람을 그토록 매혹시키는 그 모든 것, 그리고 그것을 얻기 위하여 사람들이 그토록 흥분하고 골몰하게 되는 그 모든 것, 사실 그것들은 아무런 행복도 가져다주지 않는다. 어떤 한 가지에 정신없이 몰두할 때, 사람들은 자신이 좇는 것에 행복이 있다고 믿어버린다. 지금껏 그런 헛된 욕망에 도달하기 위해서 쏟아부은 노력의 절반만이라도 버리도록 시도해보라. 그대는 그로 인해 훨씬 더 큰 평화와 행복을 얻게 될 것이다.
- 에픽테토스

가장 신뢰할 수 있는 마부란 사나운 말을 대하건 순한 말을 대하건 자신의 노여움을 억제할 줄 아는 사람이다.
- 불교 경전

항상 선하게 살기 위해 노력해야 한다. 그러나 나쁜 일을 저지르지 않으려는 노력은 더 많이 해야 한다. 그중에서도 욕망을 억제하기 위한 노력은 더욱더 많이 해야 한다.

date /   ,   /

hour / minute: 오늘 발견한 나의 모습

hour / minute: ☆ 내일을 위한 오늘의 키워드

사색노트 _ **EVERY DAY** IS A NEW DAY

진정한 깨달음은
지금까지의 지식을 완전히
잊어버렸을 때 얻을 수 있다

오늘 할 수 있는 일을 내일로 미루지 말라. 자기가 할 수 있는 일을 타인에게 시키지도 말라. 값이 싸다고 해서 필요 없는 물건을 마구 사들이지도 말라. 금지는 의식주에 필요한 모든 것보다도 고귀하다. 알맞은 정도에 그침으로써 후회하는 일은 드물다.
- 제퍼슨

진정한 깨달음이란 지금까지의 지식을 완전히 잊어버렸을 때 얻을 수 있는 것이다. 어떤 사물을 연구하려고 할 때 그것이 이미 앞서간 사람들에 의해 밝혀졌다고 생각한다면 털끝만큼도 진실에 가까워지지 못할 것이다. 그러므로 한 가지 사물을 완전히 규명하기 위해서는 스스로 그 사물에 대해서 아무것도 모르는 듯한 마음가짐으로 출발해야 한다.
- 소로

인간을 미래에 적응할 수 있도록 가르치기 위해서는 교육자가 이상적인 인간형을 확실하게 정의해놓아야 한다. 그러므로 훌륭한 교육자는 자기가 살고 싶어하는 시대에 걸맞은 인간으로서 살아가야 한다.

겸양은 자기완성을 위한 최고의 미덕이다. 만약 그대가 그렇게 위대하다면 더 이상 무엇을 바라겠는가?

date /   ,   /

hour / minute:

오늘 발견한 나의 모습

hour / minute:

☆ 내일을 위한 오늘의 키워드

▌사색노트 _ **EVERY DAY** IS A NEW DAY

바람이 부는 방향을
정확히 아는 뱃사공이
되어야 한다

　행복 속에 살라. 기쁨 속에 하루하루를 보내라. 죽음에 임해서는 아무도 그대에게 어찌하여 세상이 이 지경이 되었느냐고 묻지 않을 것이다. 아침은 어둠의 장막을 거두었다. 무엇을 탄식하는가? 일어나라, 아침을 칭송하자. 우리의 호흡이 끊어진 뒤에도 아침은 줄기차게 숨 쉬고 있을 것이다.

　우리는 주의 깊은 통찰력으로 사회적 환경을 돌아볼 필요가 있다. 지나치게 자기 생각에 집착한 나머지 오히려 자기암시에 넘어가는 일이 없도록 해야 한다. 낡은 관념을 훌훌 털어버리고 새로운 사상에 귀 기울일 줄도 알아야 한다. 매사에 선입견이나 편견을 버리고 냉철한 두뇌로써 판단할 줄 알아야 한다. 바람이 부는 방향을 정확히 아는 뱃사공이 되어야 하는 것이다.
- 헨리 조지

　우리의 마음에 드는 것만을 사랑한다면 그것은 신에 대한 사랑을 의미하는 것도 아니며, 박애를 의미하는 것도 아니다. 진정한 사랑은 노력 속에서 이루어진다. 그대가 자신을 사랑하는 것과 같이 그대가 사귀고 있는 사람도 자기 자신을 사랑한다는 것을 기억하라. 그러면 그를 어떻게 대해야 할지 알게 될 것이다.

삶과 죽음은 서로 상극이다. 이 두 개의 한계점을 넘어선 저편에 하나의 그 무엇이 있다.

date /   ,   /

hour / minute: 　　　　　오늘 발견한 나의 모습

hour / minute: 　　　　　☆ 내일을 위한 오늘의 키워드

■ 사색노트 _ **EVERY DAY** IS A NEW DAY

덕이 있는 사람은
자기 인생의 참된 의미를
이해한다

옳지 못한 신념에 복종하는 것은 인간을 불행에 빠뜨리는 최악의 선택이다.

만약 그대가 역사를 읽는다면 다음과 같은 것을 알 것이다. 즉 인간에게 끊임없이 일어나는 불행의 가장 큰 이유는, 사람들이 이미 서로 돕기를 포기했기 때문인 것이다. 더욱이 이미 도움이 필요하지도 않은 일에 힘들여 봉사하고, 혹은 그 오만하고 사악한 맹목의 힘에 이끌려 자신들의 헛된 봉사를 깨닫지도 못하는 불행을 자초하는 것이다.
- 헨리 조지

학식이 있는 사람이란 책을 많이 읽고 외적인 지식을 갖춘 사람을 뜻한다. 교양이 있는 사람이란 그 시대에 일반화되어 있는 상식이나 예의범절을 터득한 사람을 뜻한다. 그러면 덕 있는 사람이란 어떤 사람을 뜻하는가? 그는 바로 자기 인생의 참된 의미를 이해하고 있는 사람이다.

진정한 학문은 오로지 선을 위해서만 존재하는 것이다.

date / _____ | _____ /_____

hour / minute: 오늘 발견한 나의 모습

hour / minute: ☆ 내일을 위한 오늘의 키워드

사색노트 _ **EVERY DAY** IS A NEW DAY

자신의 잘못을
깨닫는 것만큼
보람 있는 일은 없다

　한순간의 과오로 모든 것을 던져버리는 일이 없도록 매사에 주의하라. 자신의 잘못을 깨닫는 것만큼 보람 있는 일은 없다. 그것은 곧 자기 수양의 지름길인 것이다.
- 칼라일

　참된 생활로 인도하는 길은 아주 좁아서 몇몇 사람들만이 그 길을 발견할 수 있을 뿐이다. 왜냐하면 그 길은 그들의 내면세계에만 존재하기 때문이다. 그나마 자기의 길을 찾으려는 자도 그리 많지는 않다. 대개는 다른 길을 헤매느라 진정한 자기의 길을 찾지 못하는 것이다.
- 맬러리

　지혜를 탐구하는 자를 일컬어 지적(知的)인 사람이라고 할 수 있다. 그러나 만약 그가 지혜를 발견했다고 생각한다면 이미 그는 지혜를 갖지 못한 사람이다.
- 페르시아 격언

어른들이 싸우는 광경을 본 아이들은 누가 옳고 그르냐 하는 문제와는 상관없이 공포와 혐오의 감정부터 갖게 된다. 그리하여 종종 어른들을 멸시하고 가까이하지도 않으려고 하는 것이다.

date / | /

hour / minute:　　　　　　　　　　　　오늘 발견한 나의 모습

hour / minute:　　　　　　　　☆ 내일을 위한 오늘의 키워드

■ 사색노트 _ **EVERY DAY** IS A NEW DAY

지혜로운 사람은
사랑 그 자체에서
행복을 느낀다

부유한 자들의 잔학성은 자선을 빙자한 갖가지 모임에서 적나라하게 드러나는 법이다.

행복이란 관점에서 보자면 인생 그 자체는 몹시 불안정하다. 욕망이 우리의 행복을 방해하기 때문이다. 의무도 마찬가지이다. 의무를 다하면 평화로워지기는 해도 반드시 행복해진다고 볼 수는 없다. 만약 자기희생의 숭고한 기쁨을 알게 된다면 행복은 확실한 보증으로 그대를 만족시킬 것이다. 게다가 무한한 영예의 보증까지 덧붙여서 말이다.
- 아미엘

지혜로운 사람들은 자신에게 이익이 돌아온다고 해서 사랑하지 않는다. 그들은 사랑하는 마음 그 자체에 행복을 느끼는 법이다.
- 파스칼

가장 최악의 자선 가운데 하나는 '가난한 사람들을 위해서'라는 명목으로 개최된 어느 공작 부부의 보석 전시회였다.

date / _____ | _____ /

hour / minute:　　　　　　　　　　　오늘 발견한 나의 모습

hour / minute:　　　　　　　　☆ 내일을 위한 오늘의 키워드

▌사색노트 _ EVERY DAY IS A NEW DAY

지나간 일에 대해 말하지 말고
모든 미련을
떠나보내라

사람들이 성인에게 물었다.
"학문이란 무엇입니까?"
성인이 대답했다.
"인간을 아는 것이다."
사람들이 또 물었다.
"도덕이란 무엇입니까?"
성인이 대답했다.
"사람을 사랑하는 것이다."

후회스럽다는 말을 하지 말라. 슬퍼한들 무슨 소용이 있으랴. 허위는 말한다, 후회하라고. 그러나 진실은 말한다, 다만 사랑하라고. 지나간 일에 대하여 말하지 말라. 사랑의 나무 그늘 밑에서 거하라. 그리고 모든 미련을 다 떠나보내라.
– 페르시아 잠언

우리는 세 가지 방법으로 예지에 도달할 수 있다. 그 하나는 사색에 의한 길로, 이는 가장 쉬운 길이다. 둘째는 모방에 의한 길로, 또한 쉬운 길이다. 셋째는 경험에 의한 길로, 이는 가장 고통스러운 길이다.
– 공자

인생이라는 학교에서 겪는 실패는 성공의 스승이다.

date /   ,   /

hour / minute: 오늘 발견한 나의 모습

hour / minute: ☆ 내일을 위한 오늘의 키워드

사색노트 _ **EVERY DAY** IS A NEW DAY

대지는 꿈을 좇아
헤매는 우리에게
위안과 희망을 안겨준다

올바르지 못한 사람들은 약속은 많이 하고 실행은 조금밖에 하지 않는다. 그러나 올바른 사람은 약속을 적게 하지만 실천하는 것이 많다.
- 탈무드

대지는 만물의 어머니이다. 대지는 우리를 길러주고 살 곳을 마련해주며 따스하게 품어준다. 우리가 태어난 순간부터 대지는 어머니처럼 자비롭게 우리를 가슴에 안는다. 또한 영원한 꿈을 좇아 헤매며 마음의 평안을 얻지 못하는 우리에게 끊임없는 위안과 희망을 안겨준다.
- 칼라일

소크라테스는 어디 태생이냐는 질문을 받았을 때, 자기는 온 세계의 시민이며 우주의 어느 곳에든 주소지를 둔 시민이라고 대답했다.
- 키케로

만약 진실된 일이라면 가난한 사람이건 부유한 사람이건, 늙은이건 젊은이건 관계없이 모든 사람들에게 그 진실을 믿게 하라. 만약 진실되지 못한 일이라면 가난한 사람이건 부유한 사람이건, 세상의 누구 한 사람이라도 그것을 믿지 못하게 하라.

date / ｜ /

hour / minute:　　　　　　　　　　오늘 발견한 나의 모습

hour / minute:　　　　　　　　☆ 내일을 위한 오늘의 키워드

│ 사색노트 _ EVERY DAY IS A NEW DAY

정욕에 사로잡힌 사람은
무성한 번뇌의 덩굴에 휘감겨
살아간다

　정신적인 것과 물질적인 것의 차이는 단순한 어린아이의 지혜로도, 또한 가장 높은 성현의 지혜로도 명백히 알 수 있는 것이다. 그러므로 정신적인 것과 물질적인 것에 대하여 논쟁을 벌인다는 사실 자체가 무의미한 일이다. 그따위 논쟁으로 밝혀지는 것은 아무것도 없다. 그것은 의심할 이유도 없는 사실을 도리어 흐리멍덩하게 만들 뿐이다.

　어리석은 사람일수록 욕망의 노예가 되기 쉽다. 무지한 자의 욕정은 그칠 줄 모르고 뻗어나간다. 그것은 잡초처럼 질기고 왕성한 번식력을 갖고 있다. 욕정에 사로잡힌 인간은 먹이를 찾아서 온 숲을 헤매 다니는 원숭이처럼 끝도 없이 방황한다. 대개 이렇듯 저급한 욕망에 길들여진 사람, 즉 인간의 심성을 해치는 정욕에 사로잡힌 사람은 나뭇가지에 친친 감기는 나팔꽃 덩굴처럼 무성한 번뇌의 덩굴에 휘감겨 살아간다. 그러나 정욕의 억센 마력으로부터 자유로워질 수 있는 사람에게는 연꽃에 빗방울이 떨어지듯 모든 괴로움이 일시에 떨어져 내린다.
- 붓다

학자 행세하기 좋아하는 인간을 경계하라. 그들은 긴 옷을 입고 다니기를 좋아하고, 집회석상에서 연설하기를 좋아하며, 교회에서는 윗자리를 차지하기 좋아한다. 초상집에 가면 누구보다도 게걸스럽게 음식을 탐하고, 장시간 마음에도 없는 예의를 갖추는 인간을 경계하라. 그런 사람들은 항상 자기에 대한 비난은 못 들은 척하기 십상이다.

date / _____ | _____ /_____

hour / minute:　　　　　　　　　오늘 발견한 나의 모습

hour / minute:　　　　　　　☆ 내일을 위한 오늘의 키워드

■ 사색노트 _ **EVERY DAY** IS A NEW DAY

완성을 위한 노력은
모든 인간에게 주어진
사명이다

　자기완성은 인간의 내면적인 일인 동시에 외면적인 일이기도 하다. 인간은 타인과의 교섭 없이는 완성될 수 없다. 타인에게 미치는 영향을 생각하지 않고는 누구도 자기완성의 단계로 나아갈 수가 없는 것이다.

　완성의 목적은 어떤 상태에 도달하는 데만 있는 것이 아니다. 거기에 도달하려는 것은 불가능한 일이다. 완성은 단순한 이상에 지나지 않으며 하나의 목표에 불과한 것이다. 우리가 완성을 추구하는 목적은 자신의 정신 상태를 악에서 선으로 변화시키려는 데 있다. 그러므로 완성을 위한 노력은 모든 인간에게 공통된 사명이다.
　- 세네카

　쓸데없이 타인을 욕하지 말라. 그렇게 하면 주정뱅이가 술을 끊거나 지독한 골초가 담배를 끊었을 때처럼 아주 청결한 감정을 경험하게 되리라.

전쟁이란 가장 저열하고 부패한 인간들이 힘과 영광을 얻기 위해 벌이는 한심한 짓거리에 불과하다.

date / _____ | _____ / _____

hour / minute:

오늘 발견한 나의 모습

hour / minute:

☆ 내일을 위한 오늘의 키워드

▌사색노트 _ **EVERY DAY** IS A NEW DAY

참으로 선량한 감정은
항상 단순한 것에서
찾을 수 있다

　어린아이가 웃는 모습을 보라. 진실로 선량한 기쁨으로 가득 차 있지 않은가. 부패하지 않은 인간은 누구나 다 그와 같다. 그러나 어떤 사람들은 덮어놓고 이방인들을 멸시하며 그들을 고통과 공포 속으로 몰아넣는다. 민족과 민족 사이에 이러한 감정을 조장하는 인간은 참으로 가증스러운 범죄자이다.

　전쟁으로 인한 물질적 손해가 아무리 크다 해도 전쟁에 대한 아무런 죄의식도 없는 사람들의 그릇된 가치관으로 인한 손해에 비하면 아무것도 아니다.

　자연은 인간들이 만들어놓은 차별제도를 알지 못한다. 신분이 높다든지 부유하다든지 하는 것과는 상관없이 자연은 진실 그 자체의 관계 속에 있다. 참으로 선량한 감정은 항상 단순한 것에서 찾을 수 있는 것이다.
– 레싱

인생에서 죽음만큼 확실한 것은 없다. 죽음은 우리 모두를 기다리고 있다. 그럼에도 불구하고 우리는 마치 죽음 같은 것은 있지도 않다는 듯이 살아가고 있다.

date / _____ | _____ /_____

hour / minute:

오늘 발견한 나의 모습

hour / minute:

☆ 내일을 위한 오늘의 키워드

┃ 사색노트 _ EVERY DAY IS A NEW DAY

영혼을 각성시키는 일이라면
사소한 일이라도
주저하지 말라

끊임없이 의무를 성취해나가려면 그것이 비록 아주 하찮은 것일지라도 영웅 못지않은 힘이 필요하다.
- 루소

'완벽함'은 도달할 수 없는 '유토피아'라는 논리로 그대의 선행을 단념하도록 부추기는 사람이 있다면 즉시 경계하라. 그대의 영혼을 각성시킬 수 있는 고귀한 일이라면 아무리 사소한 일이라도 주저하지 말라.
- 러스킨

참된 생활은 긴장된 정신과 끊임없는 노력에 의해서만 이루어질 수 있다.

평등은 자기를 위대하고 고귀한 존재라고 생각하는 사람에게 굴종하지 않음으로써, 또한 자기를 하찮고 비천한 존재라고 생각하는 사람들을 경멸하지 않음으로써 얻을 수 있다.

평등이란 이 세상 모든 사람들이 행복해지기 위한 공통된 권리와, 모든 개인이 존중받기 위한 공통된 권리를 갖고 있음을 뜻한다.

date / _____ | _____ / _____

hour / minute:

오늘 발견한 나의 모습

hour / minute:

☆ 내일을 위한 오늘의 키워드

■ 사색노트 _ **EVERY DAY** IS A NEW DAY

정의로운 행위는
서서히 발아하여 꽃을 피우고
열매를 맺는다

 평등은 현실에서는 기대할 수 없는 것이며, 다만 먼 미래 세계에서나 가능하리라는 주장은 참으로 터무니없는 것이다. 평등은 지금 당장이라도 실현될 수 있다. 그것은 어떤 조직이나 법률을 통해서 얻어지는 게 아니라 생활 속에서 만나는 모든 사람들과의 관계를 통해서 얻어지는 것이다.
- 러스킨

 모든 정의로운 행위는 씨앗과 같다. 그것은 오래도록 땅속에 가만히 묻혀 있다. 그러나 적당한 온도와 습기가 서서히 씨앗을 발아시켜 이윽고 꽃을 피우고 열매를 맺는다. 그러나 폭력과 부정에 의하여 뿌려진 씨앗은 꽃을 피우기도 전에 썩고 시들어 자취도 없이 사라지고 만다.

 모든 현세적인 것, 명예 또는 육체적인 것 속에 자기를 가두려고 하지 않는 사람은 참된 인생을 창조하는 자이다.
- 붓다

이 세상에서 아이들처럼 참된 평등을 실현하고 있는 존재는 없다. 그런데 어른들은 아이들이 지니고 있는 이 신성한 감정을 깨뜨려버리기도 하고 또 없애버리도록 강요하기도 한다.

date / _____ / _____

hour / minute: 오늘 발견한 나의 모습

hour / minute: ☆ 내일을 위한 오늘의 키워드

사색노트 _ EVERY DAY IS A NEW DAY

주의 깊게 듣고
총명하게 질문하고
말할 필요 없을 때 침묵하라

지금 하늘과 땅에 있는 모든 것 그리고 예전에 있었던 모든 것을 우리의 마음속에 아울러 가지고 있는 것은 바로 '평화'이다. 평화란 구체적인 어떤 물체가 아니다. 우리는 그 성질을 예지라고 부른다. 만약 뭔가 다른 이름이 필요하다면 나는 그것을 영원불멸의 것이라고 하겠다.
- 노자

진리를 탐구하려는 예지는 진리를 독차지하기 위해 마음을 괴롭히는 일이 없다. 언제 어느 때건 감사하는 마음으로 진리를 찾아내고 받아들이면 그만이다. 그리고 자신이 발견한 이름도 붙이지 않는 것이다.
- 에머슨

돈 가진 자선가들은 다음과 같은 일을 전혀 깨닫지 못하다. 그들은 가난한 사람들에게 자선을 베풀고 있다고 생각하지만 사실은 그 이상으로 더욱더 많은 것을 가난한 사람들 마음속에서 약탈하고 있다는 사실을 깨닫지 못하는 것이다.
- 러스킨

남들이 말할 때 한 번도 입을 열지 않았던 것을 아쉽게 생각하는 사람은 진정 침묵해야 할 때 잠자코 있지 않았음을 뉘우치는 일이 백 번이라도 있을 수 있다. 주의 깊게 듣고, 총명하게 질문하고, 조용하게 대답하고, 말할 필요가 없을 때 침묵할 줄 아는 사람은 인생의 가장 중요한 의의를 아는 사람이다.

date / _____ , _____ / _____

hour / minute: | 오늘 발견한 나의 모습

hour / minute: | ☆ 내일을 위한 오늘의 키워드

사색노트 _ EVERY DAY IS A NEW DAY

그대의 현실은
그대의 이상을 실현하기에
가장 좋은 조건이다

　부유한 사람은 가난한 사람들에게 자선을 베푸는 일에만 만족할 뿐, 그 때문에 발생하는 해독에 대해서는 조금도 생각지 않는다. 물질적으로 풍부한 것만을 대단하게 여기고, 그것만이 인생의 행복인 양 착각하는 것은 실로 엄청난 해독이다.
- 채닝

　이상은 그대 자신 속에 있다. 이상을 달성하는 데 방해가 되는 조건 또한 그대 자신 속에 있다. 그대의 현실은 당장 그대의 이상을 실현하기에 가장 좋은 조건이다.

　반드시 진리가 구체화될 필요는 없다. 진리가 우리의 정신 속에 깃들어 공감을 불러일으키고, 그리하여 종소리처럼 힘차고 자비롭게 공기 속에 울리기만 하면 충분한 것이다.
- 괴테

예술은 사람들을 결합시키는 하나의 수단이다. 부유한 자들의 오락을 목표로 이루어진 예술은 매춘부의 웃음이나 다름없다.

date / | /

hour / minute:　　　　　　　　　　　오늘 발견한 나의 모습

hour / minute:　　　　　　　　☆ 내일을 위한 오늘의 키워드

사색노트 _ EVERY DAY IS A NEW DAY

이 세상에서 가장 강한 것은 보이지도 들리지도 않으며 만질 수도 없다

 죽음에 대한 준비는 단 한 가지밖에 없다. 보람된 인생을 살아가는 것이 바로 그것이다. 그렇게 하면 죽음은 하나의 무의미한 현상으로밖에 느껴지지 않으며, 죽음에 대한 공포도 느끼지 않게 될 것이다.

 영원한 운명이여, 눈에 띠지 않는 걸음으로 오라. 너의 보이지 않는 발자국에도 나는 의심을 품지 않는다. 비록 네가 뒷걸음질치듯 할 때에도 의심하지 않으리.
- 레싱

 이 세상에서 가장 강한 것은 보이지도 않고 들리지도 않으며 만져볼 수도 없는 것이다.
- 노자

 하늘을 우러르고 땅을 굽어보고, 그리고 생각하라. 모든 것이 지나가는 것처럼 인생의 온갖 형상도 자연의 산물과 함께 지나가버린다. 그대가 이러한 이치를 깨달았을 때 비로소 광명이 비치기 시작할 것이다.
- 붓다

이 자리, 지금 우리가 살고 있는 이 세계가 우리들이 봉사할 장소이다.

date / _____ | _____ /

hour / minute:

오늘 발견한 나의 모습

hour / minute:

☆ 내일을 위한 오늘의 키워드

▌사색노트 _ **EVERY DAY** IS A NEW DAY

전쟁은 철저하게
인간이 만들어내는
현상일 뿐이다

 늘 북적대는 사람들 틈에서 시달리면서 현세적인 목적을 위해 살아가는 사람에게 휴식이란 있을 수 없다. 또한 혼자 고독을 씹으며 정신적 목적만을 위해 사는 사람들에게도 편안함이란 있을 수 없다.

 노동, 성실한 노동은 인생의 기본적인 의무이다. 인간은 타인의 강요에 의한 노동에서 해방될 수도 있고, 또한 내가 하기 싫은 일을 남에게 시킬 수도 있다. 그러나 일에 대한 자기 자신의 육체적 욕구를 벗어날 수 있는 길은 없다. 만약 일에 대한 욕구조차 느끼지 않는 이라면 그는 불필요한 인간이다.

 전쟁은 불가항력적인 상황이 아니다. 그것은 철저하게 인간이 만들어내는 현상일 뿐이다.

 전쟁을 몰아내는 가장 효과적인 방법은 그 전쟁으로 가장 고통받는 하층 계급들이 각성하는 일이다. 그들 스스로 자신의 운명은 자신의 손에 달렸다는 사실을 깊이 깨닫고 무저항주의로 나가는 것이 자유를 찾는 지름길이다.

date / _____ / _____

hour / minute:

오늘 발견한 나의 모습

hour / minute:

☆ 내일을 위한 오늘의 키워드

사색노트 _ **EVERY DAY** IS A NEW DAY

날마다 새로운 하루를 위한 나의 다짐 [1]

: 하루 계획 세우기

1.

2.

3.

: 일주일 계획 세우기

1.

2.

3.

: 한 달 계획 세우기

NOTES FOR CONTEMPLATION
Lev Tolstoy

Life is a book that can only
be **READ ONCE**

인생은
단 한 번만 읽을 수 있는 책이다

■ 사색노트 _ **EVERY DAY** IS A NEW DAY

우리 모두는
단 하나의 어머니인
자연의 자식이다

　전쟁은 모든 것을 파괴할 뿐 결코 평화를 가져다주지 않는다. 평화를 가져오는 것은 권력과 무력을 지닌 높은 사람들이 아닌 것이다. 오히려 그들은 전쟁을 통해 너무나 많은 혜택을 받기 때문에 쉽사리 평화를 구하려고 하지 않는다.
– 에머슨

　그렇다. 우리는 서로 돕기 위하여 이 세상에 태어난 것이다. 자연과 인간의 결합은 석조 건물의 둥근 기둥과도 같다. 만약 서로 받쳐주지 않는다면 천장은 무너지고 말 것이다.
– 세네카

　우리 모두는 단 하나의 어머니인 자연의 자식이다.
– 투르게네프

어떤 사람에게도 같은 민족을 지배할 특권은 없다. 평등과 자유는 인류가 신에게서 받은 신성한 권리이다. 권력은 그것이 어떤 형태이든 정당한 것이 못 된다.

date /   ,   /

hour / minute: 오늘 발견한 나의 모습

hour / minute: ☆ 내일을 위한 오늘의 키워드

| 사색노트 _ **EVERY DAY** IS A NEW DAY

자연은 우리에게
서로 사랑하는 마음을
불어넣는다

영혼이 우리 몸을 떠나서 방황하고 있었다. 거기는 공허하고 쌀쌀한 곳이었다. 그때 해괴하게 생긴 여자가 나타났다. 얼굴이 썩어 문드러진 추녀였다.

영혼이 물었다.

"더럽고 악마보다도 추악한 당신은 대체 누구요?"

그러자 그 추녀가 이렇게 대답하는 것이었다.

"나는 당신이 저지른 행위의 그림자요."

- 페르시아 우화

죽음은 존경도 증오도 모른다. 그것은 벗도 적도 갖지 않는다. 인간의 인생은 실천적 결과이다. 실천은 그의 운명을 좋게도 나쁘게도 한다. 여기에 우리의 생활 법칙이 있다.

- 와바나 푸라나

자연은 우리에게 서로 사랑하는 마음을 불어넣었다. 자연은 우리에게 서로 돕는 마음을 주입시켰다. 자연은 우리에게 정의에 대한 근원적인 욕구를 확립시켜준 것이다.

date /   ㅣ   /

hour / minute: | 오늘 발견한 나의 모습

hour / minute: ☆ 내일을 위한 오늘의 키워드

사색노트 _ EVERY DAY IS A NEW DAY

좋은 사회는
위대한 진리가
실현되는 사회다

 참되고 건전한 사회를 조직하는 첫 단계는 모든 사람에게 진실하고 평등하며 치우침이 없는 물질적 권리를 보장하는 데 있다. 물론 그것으로 모든 일이 끝나는 것은 아니다. 이렇게 하면 그다음 단계의 일들을 아주 수월하게 할 수 있다는 것이다. 그리고 이 첫 단계를 완성하지 못한다면 다른 모든 일들도 성과를 거둘 수 없을 것이다.
- 헨리 조지

 그대가 도움을 받은 뒤에 감사히 여기는 것은 당연한 일이다. 또한 그대의 도움을 받은 어떤 사람이 그대에게 고마움을 표시하는 것도 당연한 일이다. 이것은 죄인이라도 할 수 있는 일이다. 그러나 보답을 바라고 도움을 준 일에 대해서까지 감사히 여길 필요는 없으리라. 그것은 죄인들도 마찬가지이다. 참으로 위대한 보답은 일체의 대가를 바라지 않고 베풀었을 때 진정한 기쁨으로 돌아오는 것이다.

 좋은 사회란 그곳에서 위대한 진리가 실현되는 사회이다.

나는 나의 본성이 결코 악하지 않다는 것을 알고 있다. 다른 사람들도 모두 나와 같을 것이다. 그러므로 그들이 무슨 생각을 하는지는 모르지만, 그들도 항상 좋은 생각만 하고 있으리라 믿는다.

date / _____ , _____ /

hour / minute: 오늘 발견한 나의 모습

hour / minute: ☆ 내일을 위한 오늘의 키워드

| 사색노트 _ **EVERY DAY** IS A NEW DAY

선행을 베풀었다는 의식은
최고의 자부심을
안겨준다

 이웃사람들을 정의롭게 대하라. 그들을 사랑하지는 않아도 정의를 보여줄 수는 있다. 그러면 그대는 그들을 사랑하는 방법을 알게 될 것이다. 그러나 만일 그대가 그들을 사랑하지 않는다는 이유로 불의를 저지른다면 평생 원수가 되고 말 것이다.
- 러스킨

 남에게 선을 베푸는 자는 자기 자신에게 선을 베푸는 것과 같다. 이것은 남에게 베푼 선의 대가를 뜻하는 말이 아니다. 선행의 의미는 선행 그 자체에 있다. 누군가에게 선행을 베풀었다는 의식은 인간 모두에게 최고의 자부심을 안겨준다.
- 세네카

 정의가 도덕적 생활을 영위하기 위한 최고의 조건이라고는 생각지 않는다. 그러나 최초의 조건임에는 틀림없다. 비록 정의보다 중요한 것이 있을지라도 그것은 철저한 정의의 바탕 위에서 존재하는 것이다.

 선행은 그 자체가 즐거움이다. 아무도 그대의 선행에 대해서 알지 못한다는 사실을 알게 되면 그 즐거움은 더욱 커질 것이다.

date /   /

hour / minute: 오늘 발견한 나의 모습

hour / minute: ☆ 내일을 위한 오늘의 키워드

■ 사색노트 _ **EVERY DAY** IS A NEW DAY

먼동이 트는 것을
보기 위해
횃불은 필요치 않다

 고뇌 속에서 정신적 성장에 대한 의의를 찾아라. 그러면 그대의 고뇌는 사라지고 환희와 광명이 새벽하늘처럼 밝아올 것이다.

 고뇌는 생리적으로나 정신적으로나 인간의 성장을 위해 없어서는 안 될 요소이다.

 어떤 사람이 유목민에게 물었다.
 "당신은 어떻게 신의 존재를 알 수 있는가?"
 유목민은 이렇게 대답했다.
 "먼동이 트는 것을 보기 위해 횃불이 필요하겠는가?"
– 아라비아 잠언

 저들이 우리를 위해 그토록 애써 일했는데 우리는 왜 그들과 한자리에서 식사를 하지 않는가? 모든 일을 다 그들과 함께 하지 않았는가? 어째서 함께 휴식하고 함께 배우지 않는가.

사람은 서로 도움을 주고받을 수 있어야 하고, 도움을 줄 때나 받을 때나 항상 감사하는 마음을 잊지 말아야 한다.

date / _____ | _____ / _____

hour / minute: 　　　　　　　　　　　오늘 발견한 나의 모습

hour / minute: 　　　　　　　　☆ 내일을 위한 오늘의 키워드

■ 사색노트 _ **EVERY DAY** IS A NEW DAY

인간은 죽지만
사색의 결과인 진리는
죽지 않는다

아무것도 두려워하지 않는 사람은 모든 사람들이 다 두려워하는 사람보다 더욱 굳세다.
- 실러

사람은 죽는다. 그러나 사색의 결과인 진리는 죽지 않는다. 인류는 모든 것을 기억의 창고 속에 보존해둔다. 옛사람의 무덤에서 그들이 생전에 얻어낸 모든 결과를 찾아내 현실의 삶에 이용하기도 한다. 우리는 태어날 때부터 선조들이 일궈낸 사상적 분위기 속에서 살아왔다. 인류의 교육적 완성은 그 속도가 느리기는 해도 새벽하늘처럼 빛을 더해가며 확실하고 진보적으로 전진해나간다.
- 마치니

죄를 미워하되 그 사람을 미워하지는 말라.

종교는 불변이라는 주장은 단지 기만에 불과하다. 종교가 변하지 않는다고 믿는 사람은 자기가 타고 있는 배가 움직이지 않는다고 믿는 것이나 다를 바 없다. 인류의 진화는 종교의 진화에 따라서 이루어지고 있는 것이다.

date / _____ ¡ _____ / _____

hour / minute:　　　　　　　　　｜오늘 발견한 나의 모습

hour / minute:　　　　　　　　☆ 내일을 위한 오늘의 키워드

▌사색노트 _ **EVERY DAY** IS A NEW DAY

자기 자신을
이기는 것보다
값진 승리는 없다

　자기 자신을 존중하듯 남을 존중하고, 자기가 남에게 바라는 것을 남에게도 해줄 수 있다면 그는 참된 사랑을 아는 사람이다. 그 이상 무엇을 더 바라겠는가.
- 공자

　인간은 맹수를 길들이는 조련사와 같다. 그 맹수란 바로 자신의 정욕을 뜻한다. 유능한 조련사는 날카로운 맹수의 이빨과 발톱을 잘 다스려 순한 가축처럼 훈련시킨다. 정욕을 다스리는 것도 이와 같이 스스로 자기를 길들이는 과정이다.
- 아미엘

　어떤 사람이 전쟁에서 몇만 명의 병사를 물리쳐 승리를 얻고, 또 어떤 사람은 자신의 정욕을 극복해서 승리를 얻었다면 후자가 더 큰 승리를 거둔 것이다. 자기 자신을 이기는 것보다 값진 승리는 없다. 어떤 사람도 어떤 신도 자기 자신을 지배하는 사람의 승리를 막을 수는 없다.
- 불교 경전

고귀한 지혜는 모든 사람의 뜻을 합쳐서 이루어진다.

date /   ,   /

hour / minute: | 오늘 발견한 나의 모습

hour / minute: ☆ 내일을 위한 오늘의 키워드

■ 사색노트 _ **EVERY DAY** IS A NEW DAY

힘이 약해지기 전에
죄를 뉘우치는 자에게
복이 있으라

　자기 자신을 의식하는 것만큼 마음이 가벼워지는 일은 없다. 또한 자기의 견해를 고집하는 것만큼 마음이 무거워지는 일은 없다.
- 괴테

　아직 힘이 약해지기 전부터 죄를 뉘우치는 자에게 복이 있으라. 그대에게서 힘이 사라지기 전에 뉘우치라. 빛이 아직 사라지기 전에 등불을 밝힐 기름을 준비하라.
- 탈무드

　단순하지만 도덕적인 심성을 잃지 않고 항상 보이지 않는 곳에서 겉으로 드러나지 않는 의무를 수행하는 사람은 고결하고 굳건한 정신의 소유자이다. 그는 세상이 불바다처럼 혼란스럽고 시끄럽다 하더라도 할 일을 다하는 사람이다.
- 에머슨

식물이나 동물에게는 선도 없고 악도 없다. 단지 살아 있을 뿐이다. 사색이 없는 인간에게도 선악의 구별이 없다. 선악에 대한 구별은 인간이 의식하고 판단하는 능력이 있을 때 생겨나는 것이다.

date / _____ , _____ /_____

hour / minute:

오늘 발견한 나의 모습

hour / minute:

☆ 내일을 위한 오늘의 키워드

사색노트 _ EVERY DAY IS A NEW DAY

지혜와 사랑을 통해
인생의 나아갈 길을
찾아라

우리는 부와 명성이나 권력에는 놀라지 않는다. 다만 가난이나 구속, 힘 앞에서도 굴복하지 않는 그 놀라운 인내력에는 놀라지 않을 수 없다.
- 조로아스터

우리는 인생의 정신적 기원을 두 개의 방향을 통해 찾을 수 있다. 한편으로는 지혜를 통해, 다른 한편으로는 사랑을 통해…….

세계는 비유에 지나지 않는다. 사상은 사실보다도 진실하다. 마술 같은 동화나 전설의 세계는 역사적 사실보다도 진실하다. 왜냐하면 그것들은 실제 있었던 역사보다도 더 깊은 것을 상징하고 있기 때문이다.
- 아미엘

모든 기만은 바로 그 뒤에 또 다른 기만을 불러온다. 모든 잔학은 또 다른 잔학을 불러온다. 그리하여 모든 비극은 또 다른 비극을 잉태하는 것이다.

date / _____ , _____ /_____

hour / minute: | 오늘 발견한 나의 모습

hour / minute: | ☆ 내일을 위한 오늘의 키워드

고뇌의 기쁨을
알지 못하면
인생의 참맛도 알지 못한다

사물을 명확하게 이해하지도 못한 채 대충 알고 있는 듯한 태도를 취하는 것은 무엇보다도 해로운 일이다. 대개는 어설픈 학자들이 잘 알지도 못하는 지식을 머릿속에 가둬놓고 사람들 앞에서 우왕좌왕하는 법이다.

고뇌의 기쁨을 알지 못하는 사람은 인생의 참맛을 알지 못하는 사람이다.

어둠이 하늘을 뒤덮듯, 우리를 에워싸고 있는 빈곤이나 불행의 그늘은 인생의 모든 아름다움을 볼 수 없도록 우리의 눈을 가려버린다.

– 소로

인간은 스스로 자아를 굴종적이며 편안한 세계로부터 자유롭고 확실한 기쁨이 넘치는 세계로 옮겨놓을 수가 있다. 단 그것은 정신의 본질을 인식할 때만 가능한 일이다.

단순하게 보이도록 꾸미는 사람은 가장 단순하지 못한 사람이다. 의도적인 단순은 가장 조악한 기교이며, 가장 큰 허식이다.

date / _____ / _____

hour / minute: 오늘 발견한 나의 모습

hour / minute: ☆ 내일을 위한 오늘의 키워드

사색노트 _ EVERY DAY IS A NEW DAY

도덕의 확고한 뿌리는
어떠한 힘으로도
뽑아버릴 수 없다

　모든 무위도식하는 무리들이여! 인간의 행복에 없어서는 안 될 조건은 태만이 아니라 노동이라는 점을 명심하라. 인간은 일하지 않고는 견딜 수 없는 존재이다. 일하지 않으면 개미나 말, 그 밖의 모든 동물이 무엇으로 하루를 보내겠는가. 일이 없는 나날이 동물들에게도 고역인 것처럼 사람에게는 더욱 무료하고 혼란스럽기만 한 것이다.
- 에머슨

　모든 것이 믿기 어렵고 일시적이며 쉽사리 변화하는 것으로 보일 때에도, 오직 도덕만은 확고한 뿌리를 뻗치고 있다. 어떠한 힘도 이 뿌리를 뽑아버릴 수는 없다.
- 키케로

이 세상의 모든 존재는 자기의 존재 이유를 해명하는 기능을 가지고 있다. 인간에게 있어서 이 기능은 이성이다. 만약 이성이 우리에게 이 세상에서 행할 본분과 사명을 보여주지 않는다면, 그것은 그 이성을 운영하는 그대의 지혜가 올바르지 못했다는 증거이다.

date /   ,   /

hour / minute:

오늘 발견한 나의 모습

hour / minute:

☆ 내일을 위한 오늘의 키워드

사색노트 _ EVERY DAY IS A NEW DAY

연약한 인간은
아무런 노력 없이
행복을 얻으려고 한다

나는 나를 인도해줄 광명을 찾아서 이 지상을 헤매 다녔다. 낮이나 밤이나 쉴새없이……. 그 결과 모든 진리를 제시해주는 가르침을 만날 수 있었다. 나는 나 자신의 마음속을 다시 들여다본 것이다. 내가 찾고 있던 광명은 바로 나 자신 속에 숨어 있었다.
- 페르시아 격언

자기 자신의 노력 없이 구원과 행복을 얻으려고 할 때만큼 인간의 마음이 연약해지는 경우는 없다.

겸양은 사랑을 불러일으킨다. 선을 동반한 겸양은 사람의 마음을 이끄는 미덕이지만 그것은 오직 스스로의 힘으로 찾아야 한다. 저절로 나타나는 것은 아니기 때문이다.

인생은 끊임없는 변화이다. 육체적 힘은 점점 약해지고 정신적 힘은 점점 크고 강해지는…….

date /   /

hour / minute:　　　　　　　　　오늘 발견한 나의 모습

hour / minute:　　　　　　☆ 내일을 위한 오늘의 키워드

■ 사색노트 _ **EVERY DAY** IS A NEW DAY

자기 자신이 아니면
그 어떤 것도
평화를 가져다주지 못한다

 지혜 깊은 사람은 모든 것 속에서 자기 자신에게 도움이 될 만한 선물을 발견한다. 왜냐하면 선물은 모든 사람과 자기 자신에게서 선을 이끌어내는 마음속에 담겨 있기 때문이다.
– 러스킨

 모든 사람들이 인생과 죽음의 의의에 대한 의문을 갖고 있다. 우리는 이 의문을 풀어야 한다.

 정치적인 승리, 수입의 증가, 질병의 회복, 오래 만나지 못했던 친구와의 재회 등의 기쁨은 이루 말할 수 없이 클 것이다. 사람들은 이럴 때 앞으로는 모든 게 잘 풀려나가리라 믿고 안도감에 젖는다. 그러나 그런 것은 믿지 말라. 자기 자신이 아니면 그 어떤 것도 평화를 가져다주지 못한다.
– 에머슨

이상은 우리들로부터 아주 멀리 떨어진 곳에 있어서, 우리가 서로 다른 생활을 하고 있다 할지라도 우리가 바라보고 있는 것은 똑같은 하나의 이상이다.

date / _____ , _____ / _____

hour / minute: | 오늘 발견한 나의 모습

hour / minute: | ☆ 내일을 위한 오늘의 키워드

| 사색노트 _ **EVERY DAY** IS A NEW DAY

강한 사람은
굳게 땅을 딛고 서서
결코 넘어지지 않는다

모든 종교의 본질은 무엇 때문에 나는 사는가, 무한한 우주와 나는 어떤 관계를 맺고 있는가 하는 의문에 대한 해답 속에서만 성립된다.
- 마치니

사람은 강한 존재이다. 자기 영혼의 힘을 알고, 또 자기 이외의 다른 힘에 의지하고자 하면 오히려 나약해진다는 것을 알고, 육체를 통제하며 정신의 참된 지배를 받기 원하는 사람은 진실하게 살아가는 사람이다. 또한 그는 자기 발로 굳게 땅을 딛고 서서 결코 넘어지지 않는 사람이다.
- 에머슨

인생에 있어서 그대의 자유를 육욕의 도구로만 쓰지 않는다면 그대는 이지의 빛을 얻게 되며, 그 빛을 흐리게 하는 정욕에서 벗어난 영혼 또한 강해지리라. 그 이상으로 신뢰할 만하고 악에서 벗어나는 길은 달리 없을 것이다. 이런 진리를 모르는 자는 장님이며, 알면서도 실행하지 않는 자는 불행한 인간이다.
- 아우렐리우스

어떤 행위를 미친 짓이라고 비난하고 공격하는 것은 옳지 못한 일이다. 나쁜 행위를 하는 사람도 그것이 나쁜 짓인지 모를 때가 있다. 그는 자신의 행위가 신과 인간에 대한 참된 사랑의 표현이라고 믿고, 또 그렇게 되기를 바라는 것이다. 그러므로 일반적으로 용납되지 않는 행위를 하는 사람일지라도 덮어놓고 비난하거나 공격해서는 안 된다.

date / _____ , _____ /_____

hour / minute:

오늘 발견한 나의 모습

hour / minute:

☆ 내일을 위한 오늘의 키워드

사색노트 _ EVERY DAY IS A NEW DAY

겉치레만 요란한 선은
참된 선이
아니다

 높은 덕성을 갖는다는 것은 자유로운 정신을 갖는 것을 의미한다. 끊임없이 화를 내며 언제나 무엇인가 두려워하고 정욕에 사로잡혀 있는 사람은 자유로운 정신을 가질 수 없다. 자기 자신에게 전념하지 못하는 사람, 무슨 일에나 골몰하지 못하는 사람은 보고도 보지 못하고 듣고도 듣지 못하며 먹어도 맛을 모르는 사람이다.
- 공자

 " 자신을 사랑하듯이 이웃을 사랑하라."는 이 말은 처음 그대가 그를 사랑하고 그런 다음에 그 사랑의 결과로써 선을 행해야 함을 의미한다. 그러한 사랑이 그대 마음속에 사람들에 대한 사랑을 심어줄 것이다. 그대가 먼저 사랑받고 나중에 그 사랑을 돌려주겠다는 것은 진짜 사랑이 아니다. 사랑은 먼저 선을 행하려는 마음의 결과로써 나타나는 것이다.

 선을 행하지 않는 동안은 아무도 선을 이해할 수 없다. 가끔 선을 행할 뿐이거나 그저 겉치레만 요란한 선은 참된 선이 아니다. 항상 선을 행하지 않는다면 누구도 선을 통해 평화를 찾을 수 없다.
- 마르티노

자유가 없다고 말하는 사람은 이 세상에 색채가 없다고 말하는 장님과 같다. 그들은 자유라는 세계를 알지 못하기 때문에 없다고 하는 것이다.

date /   ,   /

hour / minute:

오늘 발견한 나의 모습

hour / minute:

☆ 내일을 위한 오늘의 키워드

| 사색노트 _ **EVERY DAY** IS A NEW DAY

마음을 어둡게 하는
모든 것을
깨끗이 쓸어버려라

　인생은 끝임없는 기적의 연속이다. 만물의 성장이 어떻게 이루어지는지 알게 된 것만으로도 우리는 자연의 비밀 중에서도 가장 깊은 비밀을 알게 된 것이다.
– 맬러리

　연기가 벌집에서 벌을 쫓아내듯이 탐욕은 정신적인 기쁨과 지(智)의 완성을 방해한다.

　불나비는 죽는 줄도 모르고 불 속으로 날아든다. 물고기는 위험한 줄도 모르고 낚시꾼의 미끼를 문다. 우리는 불행의 그물이 쳐진 것을 알면서도 관능적인 향락에서 벗어나지 못한다. 한없는 인간의 어리석음이여!
– 인도 잠언

　향락은 슬픔을 낳고 그 슬픔은 공포를 낳는다.
– 붓다

마음을 어둡게 하는 모든 것을 깨끗이 쓸어버려라. 이제 그대 앞에 나타나는 것은 사랑 그 한 가지뿐일 것이다. 사랑은 대상을 찾는다. 사랑은 그대 한 사람만으로는 만족하지 못한다. 사랑은 생명을 가진 모든 것을 대상으로 한다.

date /   /

hour / minute: 오늘 발견한 나의 모습

hour / minute: ☆ 내일을 위한 오늘의 키워드

사색노트 _ EVERY DAY IS A NEW DAY

말을 하기 전에
다시 한 번
생각하라

하고 싶은 말이 있을 땐 그 말을 하기 전에 다시 한 번 생각해보라. 자신이 냉정하고 선량하며 사려 깊은 사람이라고 확신한다면 그렇게 하지 않아도 좋다. 그러나 냉정을 잃고 마음이 혼란스럽다면 말 때문에 죄를 범하는 일이 없도록 조심하라.

인간이 세상 모든 것을 다 할 수는 없다. 그러나 무슨 일이든 해야만 한다. 인간이 모든 것을 다 할 수 없다는 말은 나쁜 일을 보고도 잠자코 있으라는 말은 아니기 때문이다.
- 소로

아직 몸이 온전하고 정력이 왕성한 동안 그대는 세상을 위해서 살아가고 있는 것이다. 그러나 병에 걸려 죽음을 기다리고 있는 동안 그대는 죽음 뒤의 세계를 위해 살아가야 한다. 이 세상을 위해 살아갈 때나 죽음 뒤의 세계를 위해 살아갈 때나 그대에게는 똑같은 임무가 주어질 것이다.

재판이란 단지 사회가 현 상태대로 유지되길 바라는 목적에서 치러지는 것이다. 그 결과 일반적인 표준보다 높은 이상을 갖고 있거나, 일반의 표준을 더욱 향상시키기 위해 노력한 사람을 일반의 표준 이하로 살고 있는 사람과 똑같이 벌주게 되는 것이다.

date / _____ / _____

hour / minute:　　　　　　　　　　　오늘 발견한 나의 모습

hour / minute:　　　　　　　　　　　내일을 위한 오늘의 키워드

사색노트 _ EVERY DAY IS A NEW DAY

하루하루 일하고
그날그날의 대가를
얻어라

   인류는 이지적인 존재로서 본래부터 선악을 구별할 줄 알았다. 또한 우리는 오래전부터 선인들이 세운 규범을 이용해왔다. 악과 싸우고 참된 길을 추구하며 천천히 끊임없이 이 길을 걸어온 것이다. 그런데 그 어떤 것이 인류의 앞길을 가로막았던 것일까? 그것은 여러 가지 기만이다.
- 러스킨

   재판은 종종 죄악의 노예로 전락해버린다. 죄악을 바로잡아야 할 사람들이 그만 죄악에 이끌려버리기 때문이다.

   그대는 이 세상에 사는 동안 날품팔이 일꾼이다. 하루하루 일하고 그날그날의 보수를 얻어라.
- 소로

대지는 자연이 인간에게 준 위대한 선물이다. 이 대지 안에서 생명을 얻은 우리 인간은 토지를 공유할 권리가 있다. 그것은 자식들이 어머니의 젖을 공유할 권리가 있는 것처럼 지극히 자연스러운 것이다.

date / _____ | _____ / _____

hour / minute: | 오늘 발견한 나의 모습

hour / minute: ☆ 내일을 위한 오늘의 키워드

사색노트 _ **EVERY DAY** IS A NEW DAY

대지는 일과 생활에
필요한 것을
얻을 수 있도록 허락한다

선행으로 죄를 덮어버리는 사람은 어둠을 밝혀주는 달과 같다.
- 붓다

나는 대지를 위해 태어난 자이다. 그러므로 대지는 나의 일과 생활을 위해 필요한 것을 그 속에서 얻을 수 있도록 허락한 것이다. 나는 나의 몫을 요구할 권리가 있다.
- 에머슨

이런 유형의 인간을 가끔 볼 수 있다. 남에게 자랑하기 위해 사치를 하고, 나는 이렇게 사치해도 괜찮다는 듯이 행동하며, 그러면서도 다른 사람들의 사치를 흉보는 인간들이다. 이와 똑같은 인간이 또 있다. 인생의 기쁨을 경멸하는 것이 훌륭한 인생관인 줄 착각하고, 인생 자체를 진지하게 살지도 않으면서 자기는 어떤 인생보다 더욱 훌륭한 삶을 살아가는 듯이 꾸미는 한심한 인간.

지금 사람들은 무엇이든 세상을 복되게 하는 일이라고 생각하는 것을 목표 삼아 노력하고 있는 것이 아니다. 오로지 가능한 한 많은 것을 자기 소유로 하기 위해서 노력하고 있는 것이다.

date / | /

hour / minute:　　　　　　　　　　　　　　오늘 발견한 나의 모습

hour / minute:　　　　　　　　　☆ 내일을 위한 오늘의 키워드

▌사색노트 _ **EVERY DAY** IS A NEW DAY

어제보다 나은 오늘을 위한 다짐 점검하기 [1]

: 하루 계획 점검하기

1.

2.

3.

: 일주일 계획 점검하기

1.

2.

3.

: 한 달 계획 점검하기

NOTES FOR CONTEMPLATION
LEV TOLSTOY

Life is short for happy people and boring for unhappy people

인생은 행복한 사람에게는 짧고
불행한 사람에게는 지루하다

| 사색노트 _ **EVERY DAY** IS A NEW DAY

맹목적으로 빠져든 신앙은
자신에 대한
저주일 뿐이다

  이 세상에 널리 퍼져 있는 죄악을 바로잡기 위해서는 허위의 종교를 폭로하고, 그 대신 그 사람의 마음속에 참된 종교를 심어주는 방법 외에는 별 도리가 없다.

  이 세상의 죄악의 대부분은 '믿으라, 그렇지 않으면 저주하라.'는 천박한 생각 때문에 일어난다. 무턱대고 신앙을 받아들이거나 상대방에게 강요하면서 신앙인 행세를 하는 것은 죄악이다. 아무런 판단이나 분석도 없이 맹목적으로 빠져든 신앙은 자기 자신에 대한 저주요, 남을 죄악의 구렁텅이로 몰아넣는 사악한 짓이다. 사람들을 구하고 자기 자신의 사상을 바로잡기 위해서는 먼저 자신에 대한 철저한 사색이 필요하다.
– 에머슨

  성인은 악을 범할까 하여 항상 두려워한다. 악에서 악이 생긴다는 것을 알고 있기 때문이다. 악을 멀리하라. 그 어떤 불행도 악을 행할 구실은 되지 못한다.
– 인도 잠언

악을 행함은 야수와 희롱하는 것처럼 위험하다. 이 세상에서 범하는 악의 보편적이고 가장 지독한 결과는 바로 인과응보이다.

date / _____ , _____ / _____

hour / minute:

오늘 발견한 나의 모습

hour / minute:

☆ 내일을 위한 오늘의 키워드

■ 사색노트 _ EVERY DAY IS A NEW DAY

선이 없이는
진실도
얻을 수 없다

　현대의 모든 자선 제도, 형법 그리고 우리들의 죄악을 미연에 방지하거나 소멸시키기 위해 애써 만든 여러 가지 규제나 법규는 가장 정당하게 이용되는 경우일지라도 다음과 같은 어리석은 생각과 공통점이 있지 않을까? 짐을 가득 담은 광주리를 나귀 등에 싣고 가다가 그 불쌍한 동물에게 균형을 잡아준답시고 다른 한편에다 똑같은 무게의 돌을 담은 광주리를 매다는 바보의 한심한 생각과 같은…….
– 러스킨

　동물에 대한 연민은 우리들이 가질 수 있는 극히 자연스러운 감정이다.

　정의가 없는 곳에 선이 있을 수 없다. 선이 없이는 진실도 얻을 수 없다.

　우리는 모두 이 세상의 순례자들이다. 동서남북 어디로 가든 그대는 " 여기는 내 땅이오." 하면서 그대를 쫓아내는 사람과 만나게 되리라. 결국 온 세계를 구석구석 헤매던 끝에 그대는 마침내 처음 떠난 곳으로 되돌아오리라. 그때가 되면 그대의 아내가 아이를 낳고 그대의 가족은 자리를 잡고 농사를 지으며 살아도, 그대가 죽은 뒤 편히 잠들 땅 한 평도 마련하지 못하고 있다는 사실을 알게 되리라.
– 라므네

　자기와 자기 가족을 부양하기 위해 필요 이상의 토지를 사유하고 있는 사람들은 인류의 대다수가 그 때문에 고통받고 있다는 사실을 외면한 뻔뻔한 족속들이다.

date / /

hour / minute:

오늘 발견한 나의 모습

hour / minute:

☆ 내일을 위한 오늘의 키워드

■ 사색노트 _ **EVERY DAY** IS A NEW DAY

아무리 미천한 신분일지라도
선을 위해 태어났음을
기억하라

　국가의 목적은 올바른 사상 속에서 우러나온 완전한 정의의 형태를 구현하는 것이라 할 것이다. 그러나 국가의 목적과 진정한 사상 속에서 우러나오는 정의와는 같을 수 없으며, 그 내면적 본질과 결과는 전혀 다른 것이다. 아무리 흉악한 야수도 굴레를 씌워놓으면 풀을 먹이는 가축처럼 온순해질 수 있기 때문이다.
- 쇼펜하우어

　인간의 마음이 덕성에 눈뜰 때 새롭고 신비롭고 즐겁고 초자연적인 아름다움이 눈앞에 펼쳐진다. 그때 그는 자기 속에 자신보다 더욱 높은 존재가 있다는 것을 깨닫게 된다. 그리고 그때 그 존재는 무한하다는 것도 깨닫게 된다. 또 지금은 아무리 미천한 신분일지라도 자기는 선을 위해 태어난 것임을 깨닫게 된다.
- 에머슨

자기와 자기 가족을 부양하기 위해 필요 이상의 토지를 사유하고 있는 사람들은 인류의 대다수가 그 때문에 고통받고 있다는 사실을 외면한 뻔뻔한 족속들이다.

date / _____ | _____ / _____

hour / minute:

오늘 발견한 나의 모습

hour / minute:

☆ 내일을 위한 오늘의 키워드

▌사색노트 _ **EVERY DAY** IS A NEW DAY

진정한 자유인은
본질의 내면적 동기에 따라서만
행동한다

"나는 생각한다. 고로 나는 존재한다."

참으로 좋은 말이다. 인간은 총명하게 생각하지 않으면 안 된다. 총명하게 생각하는 사람은 무엇보다도 먼저 자기가 어떤 목적 때문에 살아야 하는지를 생각한다. 그리고 자기 정신에 대하여, 또 신에 대하여 생각한다. 그러나 우리 모두는 과연 무엇을 생각하고 있는가? 그저 자기에게 이로운 것만을 생각하고 있다. 우리는 춤에 대하여, 음악에 대하여, 노래에 대하여 또는 그와 비슷한 만족을 생각하며 부자나 왕자의 호사를 부러워한다. 그러나 인간다운 삶에 대해서는 결코 생각하려고도 하지 않는다.

- 파스칼

나는 자유로이 받아들일 수 있는, 그러나 보이지 않는 본질의 내면적 동기에 따라서만 행동하는 사람을 자유인이라고 부르고 싶다. 나는 또한 습관에 예속되지 않고, 낡은 세대의 도덕에 안주하지 않으며, 일정한 법칙에 갇혀버리지 않으며, 양심의 소리에 귀 기울이며, 보다 새롭고 높은 문제로 나아가는 것에 즐거움을 느끼는 사람을 자유인이라고 부르고 싶다.

- 채닝

우리는 모든 것을 다만 이성을 통해서만 알 수 있다. 그러므로 이성에 따를 필요가 없다고 말하는 사람의 말을 믿어서는 안 된다. 그런 말을 하는 사람은 하나밖에 없는 등불을 끄라고 권한 다음, 우리를 어둠 속으로 끌어넣으려는 사람들이다.

date /   /   /

hour / minute: 　　　　　　　오늘 발견한 나의 모습

hour / minute: 　　　　　　☆ 내일을 위한 오늘의 키워드

■ 사색노트 _ **EVERY DAY** IS A NEW DAY

꼭 필요할 때의 휴식은
가장 아름답고 자연스러운
만족이다

    일이 무척 바쁘다는 이유로 노는 일은 무엇이든지 거절하는 것을 자랑삼는 사람들을 가끔 본다. 그러나 유익하고 즐거운 휴식은 때로 많은 일을 하는 것보다 중요하다. 그리고 또 지나치게 서둘러서 하는 일은 하지 않았을 때보다 훨씬 나쁜 결과를 가져올 수가 있다.

    회교도나 청교도처럼 만족과 휴식을 죄악시하는 것은 잘못이다. 휴식은 노동만큼 중요한 것이다. 그것은 일에 대한 정당한 보수이다. 끊임없이 노동을 할 수는 없다. 꼭 필요할 때의 휴식은 가장 아름다운, 그리고 가장 자연스러운 만족이다.
- 세네카

    가장 선한 행위 속에도 허영과 속세의 칭찬을 바라는 마음이 섞여 있다.

    이성이란 우리 모두에게 인생의 의의와 사명을 밝혀주는 것이다.

만일 인간에게 이성이 없다면 인간은 인생의 참뜻을 이해하지 못할 것이다. 인생의 참뜻을 이해하지 못하면 선과 악도 구별하지 못할 것이다.

date /   ,   /

hour / minute: 오늘 발견한 나의 모습

hour / minute: ☆ 내일을 위한 오늘의 키워드

사색노트 _ EVERY DAY IS A NEW DAY

참된 생활은
눈에 보이지 않는 변화가
일어났을 때 시작된다

남이 갖지 못하는 부끄러움을 갖고 있는 것만큼 그 사람의 도덕적 완성의 단계를 확실하게 나타내는 것은 없다.
- 러스킨

가문도 가정도 인간의 영혼을 제한할 수는 없다. 또 그렇게 해서도 안 된다. 인간은 태어난 날로부터 일정한 소수의 사람들과 관계를 맺게 된다. 사람들의 보살핌을 받는 가운데 그 마음속에 인간에 대한 애정이 싹트는 것이다. 그러나 가정적인 그리고 민족적인 결합을 핑계로 전 인류의 요구를 묵살하는 결과가 된다면 그것은 우리의 영혼을 기르는 요람이 아니라 우리의 무덤이 되고 만다.
- 채닝

참된 생활은 오직 눈에 보이지 않는 어떤 변화가 일어났을 때만 시작되는 것이다. 그 어떤 정치적 연금술도 납덩이같은 인간의 본능을 황금으로 가장할 수는 없는 것이다.
- 스펜서

우리는 모든 사람의 행복이 어떤 것인지 모른다. 그것은 도저히 알 수 없다. 그러나 이것 하나는 확실히 알고 있다. 모든 사람이 행복에 도달하는 길은 오직 인간에게 주어진 선의 가르침을 지킴으로써만 가능하다는 점이다.

date / /

hour / minute:

오늘 발견한 나의 모습

hour / minute:

내일을 위한 오늘의 키워드

┃ 사색노트 _ EVERY DAY IS A NEW DAY

슬기로운 사람은
감정대로
움직이지 않는다

   다른 사람에게 벌을 주고자 하는 욕망은 가장 저급하고 동물적인 감정이라는 점을 잘 기억하라. 감정대로 움직인다는 것은 슬기로운 행동이 아니다. 그것은 스스로의 파멸을 의미하는 것이다.

   그대는 언제쯤이면 육체적인 것을 벗어나서 정신적인 인간이 될 수 있겠는가? 그대는 언제쯤이면 만인이 사랑하는 행복을 깨달을 수 있겠는가? 그대는 언제쯤이면 자기 행복을 위해 타인으로 하여금 그대에게 봉사하기를 요구하지 않고, 자신을 비애나 육욕에서 해방시킬 수 있겠는가? 그대는 언제쯤이면 참다운 행복이 항상 그대 힘 속에 있으며, 그것이 자연의 아름다움이나 타인과의 관계 속에 있는 것이 아님을 깨달을 수 있겠는가.
- 아우렐리우스

   박식함이 가치 있다고 생각하는 것은 잘못이다. 중요한 것은 지식의 많고 적음이 아니라 그 질에 있다.

   인간에게 힘이 있는 것은 약한 자를 학대하기 위해서가 아니라, 강자로서 약자를 도와주라는 뜻이다.
- 러스킨

   인간 생활의 모든 모순을 해결하고, 인간에게 가장 큰 행복을 가져다주는 감정을 우리 모두는 알고 있다. 그 감정은 바로 사랑이다.

date / _____ / _____

hour / minute:　　　　　　　　　　오늘 발견한 나의 모습

hour / minute:　　　　　　　　☆ 내일을 위한 오늘의 키워드

▎사색노트 _ **EVERY DAY** IS A NEW DAY

땀 흘리지 않은 손은
물건을
더럽힌다

모든 선한 일은 자선이다. 갈증을 느끼는 자에게 물을 주는 일, 길 가운데 있는 돌을 치우는 일, 남을 좋은 길로 이끌어주는 일, 나그네에게 길을 가르쳐주는 일, 남에게 미소를 보내는 일, 이 모든 것이 자선이다.
- 마호메트

그대에게 도움을 구하는 모든 자에게 봉사하라. 그리고 그대의 것을 빼앗아간 자에게 다시 돌려줄 것을 요구하지 말라. 그대가 다른 사람들에게 바라는 일을 온전히 그들에게 베풀라.
- 성서

인간의 삶은 바퀴와 같다. 바퀴는 한없이 작게 회전함으로써 모든 방향으로, 그리고 무한히 큰 바퀴 속으로 기어드는 것이다.
- 에머슨

마치 부모를 떠난 자식과 같이 우리의 삶은 종종 우리의 의지를 벗어나려고 한다.
- 러스킨

"땀 흘리지 않은 손은 물건을 더럽힌다. 땀을 흘린 손은 물건을 더럽히지 않는다." 이 속담은 자선의 엄격함을 정의한 것이다. 다만 동전 몇 닢 던져주고 마는 것은 참된 자선이 아니다.

date / /

hour / minute: 오늘 발견한 나의 모습

hour / minute: ☆ 내일을 위한 오늘의 키워드

▎ 사색노트 _ **EVERY DAY** IS A NEW DAY

말로 하는 천 번의 참회는
침묵 속에서 하는 한 번의 참회에
미치지 못한다

인생에서 진정 위대한 것은 거의 언제나 사람들 눈에 잘 띄지 않는 법이다. 우리들 눈앞에서 무언중에 아무도 모르게 위대한 행위나 관대한 희생이 치러지고, 고귀한 사랑이 무르익고 있는 것이다. 그러나 우리는 항상 그런 것에 무관심하다. 나는 그런 위대한 일은 잘 알려지지도 않고, 이름도 없는 사람들에 의해 행해지고 있다는 것을 확신하고 있다. 이른바 서민층이라는 계열에 속한 사람들이 훌륭하게 고난을 참고 견디는 것을 보았다. 그들은 꾸밈없는 성실, 굳은 신앙, 관대한 마음을 가지고 있다. 게다가 그들은 부유한 계급의 사람들보다도 죽음과 삶에 대해 올바른 이해를 가지고 있었다.
- 채닝

말로 천 번을 참회해도 침묵 속에서 이루어지는 한 번의 참회에는 미치지 못하는 법이다.
- 에머슨

먼저 다시 한 번 생각하라. 그 다음에 말하라. 말은 사람들이 싫증을 내기 전에 끝내야 하는 법이다. 인간은 말을 할 수 있다는 것 때문에 동물보다 나은 존재이다. 그러나 만약 그 말에 득이 되는 점이 없다면 동물보다 나을 것이 없는 존재가 되어버리고 만다.

date / _____ , _____ /_____

hour / minute:　　　　　　　　　　오늘 발견한 나의 모습

hour / minute:　　　　　　　☆ 내일을 위한 오늘의 키워드

사색노트 _ **EVERY DAY** IS A NEW DAY

먹고 입고 잠자기 위해서는
그리 많은 것이
필요하지 않다

진실로 유익하고, 그리고 유익하기 때문에 위대한 것은 언제나 단순하다.

진리를 설명하는 말은 항상 간단명료하다.
- 노자

먹고 입고 잠자기 위해서는 그리 많은 것이 필요하지 않다. 남은 것은 이웃의 끼니를 위해서 써야 할 것이다.
- 동양 격언

노동은 도덕이 아니다. 그러나 도덕적 생활을 하는 데 없어서는 안 될 조건이다.

그대 자신이 얻은 것은 다른 누구도 가질 수 없다는 것을 기억하라. 그러나 그대가 이용하고 있거나 사용물에 불과한 그 어떤 물체의 모든 부분은 모든 사람들의 생활의 일부분이라는 것을 더욱 명심하라.
- 러스킨

본받기 좋은 모범을 찾으려거든 민중 속에서 찾아라. 그들 속에서만 참되고 소박한 그 무엇, 자기 자신도 의식하지 못했던 위대한 행실을 찾을 수 있다.

date /   ,   /

hour / minute:　　　　　　　　　　오늘 발견한 나의 모습

hour / minute:　　　　　　　☆ 내일을 위한 오늘의 키워드

사색노트 _ **EVERY DAY** IS A NEW DAY

매순간 부지런하고 용감하게
자기 자신을
감시하라

　우리는 사랑하는 사람들에게 늘 공정하며 자애롭고 언제나 주의 깊게 대하기를 망설일 필요가 없다. 우리는 그들이, 또한 우리들 자신이 병에 걸리거나 죽음의 위협을 받는 때를 기다릴 필요는 없다. 인생은 짧다. 그러므로 이 길을 함께 가는 사람의 마음을 즐겁게 하기 위해서는 조금도 낭비할 시간이 없는 것이다.
- 아미엘

　인간에게 이웃을 벌할 권리를 부여한다면 그 권리를 받을 만한 자는 과연 누구이겠는가? 스스로의 죄를 뉘우치기는커녕 자신이 저지른 죄를 알지도 못하는 자는 타락한 죄인임이 분명하다. 그런데 그와 같이 타락한 자들이 어찌 남의 죄를 벌할 수 있겠는가?
- 에머슨

　순찰병이 요새를 경호하고 성벽의 주위와 그 안을 감시하듯, 사람도 매순간 부지런하고 용감하게 자기 자신을 감시하지 않으면 안 된다.
- 붓다

사람은 자기가 그 원인을 제공했다는 사실도 모르고 남의 고뇌를 동정하는 법이다.

date / _____ , _____ /_____

hour / minute: | 오늘 발견한 나의 모습

hour / minute: ☆ 내일을 위한 오늘의 키워드

▌사색노트 _ **EVERY DAY** IS A NEW DAY

지식은 나를 어리석게 만드는 장애물을 제거하는 수단일 뿐이다

학자라는 말은 어떤 사람의 지식 정도를 의미할 뿐이지 그 사람이 무엇을 참되게 알고 있다는 것을 의미하는 것은 아니다.
- 리히텐베르크

한쪽 발에 찔린 가시를 뽑기 위해서는 다른 발에 의지하여야만 뽑아낼 수 있다. 그러나 그 일이 끝나면 우리는 발에 대해서 까맣게 잊어버릴 것이다. 이와 같이 지식은 나를 어리석게 만드는 장애물을 제거하기 위해서만 필요한 것이다. 지식 그 자체가 독립된 가치를 갖는 것은 결코 아니다. 그것은 하나의 수단에 불과하다.
- 브라만 잠언

지식은 수단은 될 수 있을지언정 목적은 될 수 없다.

그대가 괴로워하고 힘겨워하는 악업의 근원을 자신 속에서 찾아라. 어떤 때는 그 악업이 그대 행위의 직접적인 결과일 수도 있으리라. 또 어떤 때는 그것이 돌고 돌아서 그대 자신에게로 되돌아오는 수도 있을 것이다. 그러나 악업의 근원은 늘 그대 자신 속에 있다.

date /   /

hour / minute: | 오늘 발견한 나의 모습

hour / minute: ☆ 내일을 위한 오늘의 키워드

사색노트 _ EVERY DAY IS A NEW DAY

무지한 자에게
인생은
지루할 뿐이다

지혜를 하찮은 목적에 이용하는 사람들은 어둠 속에서는 볼 수 있으나 대낮에는 장님인 밤새와 같다. 그들의 지식이 과학적인 무기 발명 따위에나 쓰일 때는 몹시 날카로우나, 진리의 빛 가운데에서는 눈먼 장님이나 마찬가지인 것이다.
- 피타고라스

잠들지 못하는 자에게는 밤이 길다. 피로한 자에게는 한 걸음도 천릿길처럼 멀다. 무지한 자에게는 인생이 지루하다.
- 에머슨

그것이 꼭 필요하면 필요할수록 그 악용은 더욱더 유쾌한 것이다. 대부분의 불행은 지혜의 악용에서 비롯된다.

사랑은 사랑을 베푸는 자에게 정신적이며 내면적인 기쁨을 안겨준다. 그뿐만 아니라 현세의 삶을 무상의 기쁨으로 가득 채워주는 데 필수적인 조건이다.

date /   ,   /

hour / minute: 오늘 발견한 나의 모습

hour / minute: ☆ 내일을 위한 오늘의 키워드

사색노트 _ EVERY DAY IS A NEW DAY

마음이 선한 자는
결코 슬픔의 나락으로
떨어지지 않는다

그 누구도 전쟁의 필연성을 증명할 수는 없다. 전쟁 자체가 전혀 필연적이지 않기 때문이다.

선을 알지 못하는 인간에게서 무슨 가치를 발견할 수 있을 것인가? 선은 진정한 재산이다. 선인이 되느냐 악인이 되느냐 하는 것은 그 사람의 마음 하나에 달려 있는 것이다. 마음을 성실하게 가져라. 그리고 선을 행하도록 하라.

그대가 비록 온갖 종교의 교의를 터득했다 할지라도 예전과 같이 그대에게 행복을 가져다주는 것은 오직 선한 마음뿐이다. 또한 마음이 선한 자는 결코 슬픔의 나락으로 떨어지지 않으리라. 어떤 악도, 선량하며 모든 사람에게 이로운 사람을 범하지는 못한다.
- 붓다

어째서 그대는 타인의 악의에 대해서, 배신에 대해서, 질투와 교활함에 대해서 그토록 성급해지는가. 사람을 욕하고 멸시하고 벌주려면 한이 없는 것이다. 그보다는 차라리 모든 것을 씻은 듯이 잊어버리는 것이 낫다. 모멸, 비난, 분노는 마음을 소란하게 할 따름이다.
- 아미엘

무기를 두려워하지 말고 허위의 지식을 두려워하라. 세상의 모든 악은 허위의 지식에서 비롯된다.

date / _____ , _____ / _____

hour / minute:　　　　　　　　　　　오늘 발견한 나의 모습

hour / minute:　　　　　　　☆ 내일을 위한 오늘의 키워드

사색노트 _ EVERY DAY IS A NEW DAY

사랑은 다른 사람을
행복하게 하는
말이요, 실천이다

 형벌은 언제나 참혹하고 비참하다. 만일 형벌이 참혹하지 않고 고통스럽지 않다면 만들어지지도 않았을 것이다. 오늘날의 형무소는 백 년 전의 태형과 똑같이 참혹하다.

 도덕에 대한 보답은 좋은 행위를 했다는 의식 자체에 있다.
- 키케로

 일반적으로 사랑한다는 것은 착한 일을 한다는 것을 의미한다. 즉 사랑은 다른 사람을 행복하게 하는 말이요, 실천이다. 그런데 만약 어떤 사람이 장래에 큰 사랑을 베풀겠다는 명목으로 현재의 작은 사랑을 외면한다면, 그 사람은 자기 자신과 타인을 함께 속이고 있다. 그는 자기 이외에는 그 누구도 사랑하고 있지 않은 것이다. 장래의 사랑이란 있을 수 없다. 사랑은 어디서나 현재에 이루어지는 행위일 따름이다. 현재 사랑을 실행하지 않는 사람은 사랑이 없는 사람이다.

가끔 우리는 어째서 그런 일을 했을까, 왜 도움을 베풀지 않았을까, 어째서 나에게 청해온 원조를 거절해서 내 의무를 다했을 때의 즐거움을 놓쳐버리는 짓을 했을까 하는 번민에 사로잡힐 때가 있다.

date / | /

hour / minute: 오늘 발견한 나의 모습

hour / minute: ☆ 내일을 위한 오늘의 키워드

| 사색노트 _ EVERY DAY IS A NEW DAY

도덕이야말로
인간의 내부에 존재하는
영원불멸의 지혜다

나는 결코 나 하나만의 구원을 바라거나 또는 받거나 하지 않을 것이다. 또한 나 혼자만의 안일을 얻고자 하지는 않을 것이다. 언제 어디서나 이 세상 만물의 구원을 희망하며 살고, 또 그것을 위해 노력할 것이다. 만물이 진실로 참된 자유를 얻을 때까지 나는 이곳에 머물러 있으면서 죄악과 비애, 투쟁으로 얼룩진 이 세계와 함께하리라.
– 에머슨

우리는 자기의 처지에 화를 내며 슬퍼하고, 그것을 조금이라도 빨리 바꿔 보려고 애쓴다. 이 지상에서 벌어지고 있는 상황은 어떤 경우에라도 그 사람이 해야 할 일이 있다는 것을 가르치고 있다.

도덕이란 공통되는 전체의 목적을 향하여 나아가는 의지의 진행이다. 부분적인 목적을 위하여 움직이는 자에게는 도덕이 있을 수 없다. 목적이나 동기가 모든 사람들의 목적에 합치될 수 있다면, 그는 도덕적인 사람이다. 우리는 이 위대한 이해 또는 가르침이 모든 사람들의 마음속에 들어 있다는 것을 확신한다. 그리고 이것이야말로 인간의 내부에 존재하는 영원불멸의 지혜이다.
– 에머슨

항상 놀고 있는 사람이 있는 반면, 지나치게 일만 하는 사람들이 있다. 배탈이 나도록 포식하는 자가 있는가 하면, 굶주림에 허덕이는 자가 있다.

date / _____ ı _____ / _____

hour / minute: | 오늘 발견한 나의 모습

hour / minute: ☆ 내일을 위한 오늘의 키워드

■ 사색노트 _ **EVERY DAY** IS A NEW DAY

지력은 이 세상에서
가장 위대한
힘이다

　소란하던 그날이 잠잠해지고, 벙어리가 된 거리의 벽 위에 밤의 어둠이 퍼진다. 낮 노동의 보상으로 꿈이 찾아올 때, 나는 정적 속에서 혼자 눈뜨고 고민하노라. 할 일도 없는 밤, 뉘우침의 그림자 뱀처럼 꿈틀거리고 모든 환영의 무리 쓸쓸하고 무겁게 짓누르는 마음속에서 부질없는 공상이 아우성친다. 혹은 추억이 나의 앞에 묵묵히 두꺼운 화첩을 펴고, 나는 시들한 마음으로 그 속에 과거의 그림자를 비춰보며, 무서움에 떨며 저주하노라. 끝내는 비탄에 잠겨 눈물을 짓는가. 그러나 나의 슬픔은 가실 줄을 모르네.
- 푸시킨

　만약 지능이 악에 종속되고 정욕의 수단이 되며 거짓을 두둔하는 것이 된다면, 그것은 정의와 허위, 선과 악, 공정과 편파를 구분할 능력을 잃게 된다. 결과적으로 그것은 사악하고 병적인 것이 되고 마는 것이다.
- 채닝

　이 세상은 유일한 하나의 법칙을 따르고 있다. 존재 속에 있는 단 하나의 이성 그것이다. 진리는 하나뿐이며, 따라서 이성적인 사람들에게는 완전에 대한 이해도 오로지 하나뿐인 것이다.
- 아우렐리우스

　지력은 이 세상에서 가장 위대한 힘이다. 가장 큰 죄악은 지력을 악용함으로써 이루어진다. 즉 진리를 은폐하고 변질시키기 위해 지력을 사용하는 경우에 가장 큰 죄악이 나타나는 것이다.

date / | /

hour / minute:

오늘 발견한 나의 모습

hour / minute:

☆ 내일을 위한 오늘의 키워드

사색노트 _ **EVERY DAY** IS A NEW DAY

성인은 선행에는 선으로 대하며 악행에도 선으로 대한다

　그대가 느끼고 있는 마음의 즐거운 상태, 그것이 그대가 남을 위해 노력함으로써 얻은 그 사람의 선물인 것이다.
- 동양 잠언

　성인은 자기 자신의 감정을 갖고 있지 않다. 타인의 감정이 곧 그의 감정인 것이다. 그는 선행에는 선으로 대하며, 악행에도 선으로 대한다. 그는 믿음이 있는 자에게는 믿음으로 대하고, 믿음이 없는 자에게도 믿음으로 대한다. 성인은 이 세상에 살며, 사람들과의 관계에 마음을 쓴다. 그는 모든 사람들을 위해 생각한다. 그런 이유로 모든 사람들의 마음과 눈은 그에게 집중되는 것이다.
- 노자

　사랑은 우리들에게 비밀스러운 행복 하나를 알게 한다. 그것은 자기 자신과 모든 사람들이 융합해 살아가는 기쁨이다.

타인을 욕하지 말라. 그리하면 그대의 마음속에 사랑의 힘이 커져감을 느낄 것이며 삶의 행복을 맛보게 될 것이다.

date / | /

hour / minute:

오늘 발견한 나의 모습

hour / minute:

☆ 내일을 위한 오늘의 키워드

사색노트 _ **EVERY DAY** IS A NEW DAY

오직 자기 이익만을
탐하는 사람은
행복할 수 없다

    운명이 그대를 어디에 던져버린다 해도 그대의 본질과 정신생활은 그대와 함께 있을 것이다. 또한 자신의 존재 이유에 대해 확고한 신념을 갖는다면 언제나 자유와 힘을 얻게 될 것이다. 어떤 외면적 행복이나 호화로운 생활도 그로 말미암아 타인과의 정신적 융합에 방해를 받으며, 자신의 정신적 존엄을 파괴당한다면 과연 무슨 가치가 있겠는가? 그렇게 지대한 희생을 지불하고 그대가 얻은 것은 무엇인가? 나는 그것을 보고 싶은 것이다.
- 아우렐리우스

    오직 자기 자신만을 생각하고, 모든 일에 자기 이익만을 탐내는 사람은 행복할 수가 없다. 자기를 버리고 남을 위해서 생활하라.
- 세네카

    광명이 사라질 때 그대의 마음속에서 검은 그림자가 그대 위에 떨어진다. 이 무서운 그림자를 조심하라. 그대의 마음속에 모든 이기적인 생각을 추방하지 않는 한, 어떤 이지의 빛도 그대의 마음 자체에서 일어나는 그 검은 그림자를 없애버릴 수는 없을 것이다.
- 브라만 잠언

최후의 날은 우리들 자신의 멸망을 의미하는 게 아니다. 다만 변화를 가져오는 것일 뿐.

date / _____ , _____ /_____

hour / minute:

오늘 발견한 나의 모습

hour / minute:

☆ 내일을 위한 오늘의 키워드

사색노트 _ EVERY DAY IS A NEW DAY

오늘보다 나은 내일을 위한 나의 실천 체크하기 [1]

: 하루 계획 실천하기

1.

2.

3.

: 일주일 계획 실천하기

1.

2.

3.

:한 달 계획 실천하기

NOTES FOR CONTEMPLATION
Lev Tolstoy

That's the best day
of the year

그날그날이
1년 중 최선의 날이다

사색노트 _ **EVERY DAY** IS A NEW DAY

악한 사상은 저항할 수 없는 힘으로 사람들을
그 길로 이끌어간다

내면성을 갖지 않는 외면적 자유란 무가치한 것이다. 비록 외부적 폭압에 의한 굴복에서 벗어났다 해도, 무지·죄악·이기주의·공포 등 때문에 자신의 마음을 지배할 수가 없다면 그것이 무슨 소용이 있겠는가. 나는 다음과 같은 사람만을 자유인이라고 생각한다. 자기 자신이나 자기 주위에 사로잡힘이 없이 인류의 행복을 위하여 자신을 희생할 용의가 있는 사람, 그 같은 사람만이 진정한 자유인이다.

한 사람의, 또는 몇몇 사람의 노예가 되지 않도록 경계하라. 그대가 하지 않으면 안 될 일, 그리고 그대가 스스로 할 수 있는 일에 있어서만 모든 사람들에게 종속될 필요가 있다.
- 키케로

어떤 악행보다도 더욱 악한 것은 그 행위의 근본이 되는 사상이다. 악한 행위는 두 번 다시 하지 않을 수도, 후회할 수도 있다. 그러나 악한 사상은 모든 나쁜 행위를 만들어내는 것이다. 악한 행위는 그저 나쁜 방향으로 굴러갈 뿐이지만, 악한 사상은 저항할 수 없는 힘을 발휘해서 사람들을 그 길로 이끌어가는 법이다.

모든 것은 사상 속에 있다. 사상은 만물의 근원이다. 그러나 사상은 사람의 의지로 지배할 수 있는 것이다. 완성에 이르는 가장 중요한 길은 사상을 잘 지배하는 능력이다.

date /   ,   /

hour / minute: 오늘 발견한 나의 모습

hour / minute: ☆ 내일을 위한 오늘의 키워드

사색노트 _ EVERY DAY IS A NEW DAY

가장 중요한 일은
현재 관계를 맺은 사람들과
사랑하며 화합하는 일이다

사람들이 성인에게 물었다.
"인생에서 어느 때가 가장 중요합니까? 그리고 어떤 인간이 가장 중요하고, 어떤 일이 가장 중요한 겁니까?"
성인이 대답했다.
"가장 중요한 때는 현재이다. 현재에만 인간은 자기 자신을 통제할 수 있기 때문이다. 가장 중요한 인간은 현재 그대가 관계를 맺고 있는 인간이다. 이후 그대가 또 다른 사람과 관계를 맺게 될지 어떨지는 확실하지 않기 때문이다. 가장 중요한 일은 그 사람들과 사랑하며 화합하는 일이다. 모든 사람은 서로 사랑하기 위해서 이 세상에 태어난 것이기 때문이다."

속세의 지혜는 모든 사람이 매일매일 되풀이하는 생활 속에 있다. 그러나 참된 지혜는 이지에 일치하는 생활 속에 있는 것이다. 가령 그 생활이 일반 사람들의 비방을 사는 한이 있더라도.

인간이 자기 자신의 힘으로써, 자기 자신의 인식으로써 얻은 지식만이 유일하고도 의심 없는 지식이다. 그것이 가장 중요한 것이다.

폭력은 다만 정의인 듯 보이는 것을 낳을 따름이다. 폭력은 폭력 없이는 바르게 생활할 수 없도록 사람들을 무기력하게 만든다.

date /   /

hour / minute: 오늘 발견한 나의 모습

hour / minute: ☆ 내일을 위한 오늘의 키워드

사색노트 _ EVERY DAY IS A NEW DAY

내 마음에
못을 박으려는 자들을
초연하게 대하라

사람이 자기의 존재에 대해 자연을 향해 물어보더라도 그 해답을 얻을 수는 없을 것이다. 왜냐하면 그 사람 자신이 그 질문에 대한 해답이기 때문이다. 그대 자신을 알라.

– 맬러리

유능한 목수는 나무를 조금도 다룰 줄 모르는 사람이 그의 재주를 칭찬해주지 않는다고 해서 슬퍼하지는 않는다. 악한 사람의 중상을 두려워하지 말라. 그대의 마음까지 상처 입힐 수 있는 자가 과연 누구이겠는가. 나는 나를 중상하고 내 마음에 못을 박으려는 자들을 초연하게 대한다. 그들은 내가 어떤 사람인지, 또 내가 무엇을 선으로 생각하며 무엇을 악으로 생각하는지 알지도 못하는 것이다. 그들은 참으로 내가 나의 것으로 생각하고 있는 것, 내가 의지 삼아 살고 있는 유일한 것에 대해서 생각조차 하지 못할 것이다.

– 에픽테토스

육체의 등불은 눈이다. 만일 그대의 눈이 깨끗하다면 육체의 모든 부분도 깨끗해지리라. 만일 그대의 눈이 병들었다면 육체는 어두울 것이다. 보라, 그대의 육체 안에 있는 빛이 꺼지지 않았는가를.

date /　　　　/　　　　/

hour / minute:　　　　　　　　　　오늘 발견한 나의 모습

hour / minute:　　　　　　　　☆ 내일을 위한 오늘의 키워드

사색노트 _ EVERY DAY IS A NEW DAY

내 손으로 할 수 있는 일을
다른 사람에게
맡기지 말라

자기가 할 수 있는 일은 자신이 하라. 자기 집 문 앞은 자기가 쓸어야 한다. 사람마다 그렇게 하면 온 마을이, 온 세계가 깨끗해질 것이다.
- 세네카

사람들은 직접 노동을 하는 가운데 세상의 이치를 경험하게 된다. 부의 진정한 이익은 스스로 그 부를 만들어낸 사람에게만 남겨지는 것이다. 삽이나 괭이를 들고 뜰을 거닐 때, 나는 항상 공상으로만 알고 있던 넘치는 건강을 느낀다. 이전까지는 내가 내 손으로 할 수 있는 일을 다른 사람에게 맡겨버렸기 때문에 거기서 우러나오는 행복을 모르고 지냈었다. 몸소 일한다는 것은 만족과 건강을 선사할 뿐만 아니라 귀중한 교훈을 깨닫게 해준다. 노동의 기쁨을 느껴본 사람들은 남의 힘을 빌리지 않고도 생활할 수 있다는 확신을 갖게 되기 때문이다.
- 에머슨

자연은 끊임없이 움직이고 있다. 그리고 일하지 않는 모든 자들에게 사형을 선고한다.
- 괴테

노동은 생활을 영위하는 데 없어서는 안 될 필연적인 조건이다. 이것은 누구나 다 알고 있는 사실이다. 그러나 그것이 정신적 생활을 위해서도 필요한 조건이라는 점을 누구나 다 알고 있는 것은 아니다.

date /   ,   /

hour / minute: 오늘 발견한 나의 모습

hour / minute: ☆ 내일을 위한 오늘의 키워드

사색노트 _ EVERY DAY IS A NEW DAY

진리는 착오나 편견,
그 어떤 공포보다도
굳세다

오직 소박한 생활을 할 때만이, 사람들은 결핍을 느끼는 일 없이 그리고 남에게 의지하는 일 없이 생활할 수 있다.

신분이 높은 사람이든 낮은 사람이든, 부유하든 가난하든 모든 사람을 두려워하지도 말고 업신여기지도 말라. 다만 그들을 똑같이 존경하라. 자의식으로 진리를 가려 잡으며, 모든 것에 신념을 가져라. 사람들의 반응을 기다리지 말라. 진리의 편을 드는 소리가 미약해질수록 더욱 강하게 자기의 소리를 높여라. 진리는 착오나 편견, 공포보다도 굳세다는 것을 믿어라. 그리고 항상 고뇌에 대비하라.
- 채닝

자연과 조화된 생활을 하라. 그때에 그대는 결코 불행을 느끼지 않을 것이다. 세상 사람들의 사고방식만을 따라서 산다면 결코 참된 재산을 얻지 못하리라.
- 세네카

우리 생활은 물질적인 능력의 생산이며, 그 근거는 언제나 그 능력 위에 있다는 관념이 사람들을 지배하고 있다. 이만큼 유해한 관념이 또 있을까? 이 허위의 관념이 과학이라는 이름으로 이 세상에 퍼진다면, 거기서 생기는 해독은 무서우리만큼 큰 것이다. 과학의 사명은 인류에 봉사하는 것이어야 한다.

date / ｜ /

hour / minute:

오늘 발견한 나의 모습

hour / minute:

☆ 내일을 위한 오늘의 키워드

■ 사색노트 _ **EVERY DAY** IS A NEW DAY

결코 물러서거나
샛길로 빠지지 말고
멈추지도 말라

진리는 서로 떠들며 토론하는 가운데 얻어지는 것이 아니다. 오직 진지한 성찰에 의해서만 얻어질 수 있는 것이다. 그대가 어떤 진리를 얻었을 때, 잇달아 또 하나의 진리가 그대 앞에서 쌍떡잎식물의 나뭇잎같이 싹터 올라올 것이다.
- 러스킨

인간의 내면에서는 이성과 정욕의 끊임없는 싸움이 벌어지고 있다. 만약 인간이 이성과 정욕 중 어느 하나만 가졌다면 어느 정도 편할 것이다. 그러나 인간의 내면에는 이 두 가지가 동시에 존재하기 때문에 투쟁을 피할 수 없으며, 이 두 가지가 서로 싸우고 있는 한 평화는 불가능하다. 인간은 항상 자기의 일부와 또 다른 자기의 일부가 대립하고 모순되는 속에서 살고 있는 것이다.
- 파스칼

인간의 세계는 쉴새없이 완성을 향해 가고 있다. 그리고 그 의식은 인간의 가장 큰 기쁨 가운데 하나이다. 항상 전진하라. 결코 물러서거나 샛길로 빠지지 말라. 멈추는 것은 움직이지 않는 것이다.

많은 사람들이 부를 좇고 있다. 그러나 그들이 돈 때문에 잃어버린 모든 것을 똑똑히 볼 수 있다면, 그때부터는 황금을 얻기 위해서 허비한 노력을 황금으로부터 해방되기 위해서 기울이게 될 것이다.

date / | /

hour / minute: 오늘 발견한 나의 모습

hour / minute: ☆ 내일을 위한 오늘의 키워드

사색노트 _ EVERY DAY IS A NEW DAY

불행은
정의롭지 못한 사람의
몫이다

  화살을 과녁에 명중시키려면 그보다 먼 곳을 겨냥할 필요가 있는 것처럼, 참된 정의를 얻기 위해서는 일단 자기 자신을 부정해보는 것이 필요하다. 만일 자신만이 의로운 사람이 되기를 원한다면, 자기 자신에 대해서는 불공평하고 타인에 대해서는 정의롭지 못하게 될 것이다.
- 키케로

  정의라는 것은 정의 자체를 지키기 위한 노력보다는 사랑에 의해서 얻어지는 것이다.
- 공자

  인생은 행진이다. 그러므로 인생의 행복은 어떤 상태가 아니라 어떤 방향인 것이다.

  타인의 정의롭지 못한 행동 때문에 고통받는 일이 있더라도 슬퍼하지 말라. 참된 불행은 정의롭지 못한 사람 자신의 것이다.
- 에머슨

어떤 것을 자기 혼자만 갖고 싶다는 소원은 악한 인간만이 가질 수 있는 소원이다. 사람이 행하고 경험하는 일이 참된 행복에 가까우면 가까울수록, 그 행복을 남에게도 나누어주고 싶다는 소원은 더욱 간절해지는 법이다.

date /   /

hour / minute: | 오늘 발견한 나의 모습

hour / minute: ☆ 내일을 위한 오늘의 키워드

| 사색노트 _ **EVERY DAY** IS A NEW DAY

미움이 없는 세상에서
살 수 있다면
얼마나 행복할까

　자기를 미워하는 사람을 미워하지 않는다는 것은 무어라 말할 수 없는 행복이다. 미움이 없는 세상에서 살 수 있다면 얼마나 행복할 것인가? 탐욕의 세상에서 탐욕을 모르고 산다는 것은 참으로 행복한 일이다. 탐욕 때문에 고통받는 사람들 속에서 우리는 탐욕을 벗어 던지자. 어느 것도 내 것이라고 주장하지 않는 사람은 참으로 행복한 사람이다. 그때 우리는 성인의 삶을 살게 될 것이다.
– 붓다

　지나가버린 슬픔은 미래나 현재의 만족과 더불어 떠올리다 보면 오히려 즐거워지기도 한다. 그러므로 우리를 괴롭히는 것은 미래와 현재의 슬픔뿐이다. 현대인들은 너무 자기만족에만 치우치기 때문에 더욱더 우리 앞에 가로놓인 슬픔에 무관심하게 되는 것이다.
– 리히텐베르크

　그대 자신 속에 선의 샘물이 있다. 그것은 아무리 퍼 올려도 마르지 않는 샘물이다.
– 에머슨

절대적인 정의는 없다. 자기는 완성되었다고 생각하지 말라. 단지 완성되어 가고 있는 것이라 생각하라. 정의에 배반되는 죄를 범하지 않기 위해서는 단 하나의 수단밖에 없다. 항상 자기 자신은 완성되어가고 있는 중이라고 생각하는 것이다.

date / _____ , _____ /_____

hour / minute:　　　　　　　　　　　| 오늘 발견한 나의 모습

hour / minute:　　　　　　　　　☆ 내일을 위한 오늘의 키워드

사색노트 _ **EVERY DAY** IS A NEW DAY

무릇 인간이란
불가피하게 그 무엇을
믿어야 하는 존재다

선량하고 정직한 농부에게 어느 날 한 목사가 물었다.
"당신은 신을 믿습니까?"
그러자 농부가 대답했다.
"아니오, 믿지 않습니다."
"어째서 믿지 않습니까?"
"왜 믿지 않느냐고요? 목사님, 만약 내가 신을 믿을 것 같으면 이런 생활을 유지해나갈 수 있을 것 같습니까? 목사님들은 그저 먹고 마시고 하는 자기 일에 관해서만 설교할 뿐, 신이나 형제 같은 것은 잊어버리고 있지 않습니까?"
만약 모든 사람들이 이 농부처럼 신앙을 이해하고 신의 참된 가르침을 지킨다면 얼마나 좋겠는가?

신앙은 인간 정신의 불가피한 특질이다. 인간은 불가피하게 그 무엇인가를 믿고 있다. 왜냐하면 인간은 자기가 알고 있는 것과 함께, 아직 자기가 알 수 없는 것의 관계 속으로 들어가려고 노력하기 때문이다. 그렇게 함으로써 그 알지 못하던 것을 알게 되는 것이다. 신앙이란 이 알 수 없는 것과의 관계를 말하는 것이다.

사람이 고독하면 고독할수록 자기를 부르고 있는 신의 목소리가 잘 들리는 법이다.

date / _____ / _____

hour / minute: 오늘 발견한 나의 모습

hour / minute: ☆ 내일을 위한 오늘의 키워드

사색노트 _ **EVERY DAY** IS A NEW DAY

높은 산에 오르려면
산기슭에서 한 걸음부터
시작해야 한다

무엇에 취하는 것을 죄악이라고 말할 수는 없을 것이다. 그러나 그것은 모든 죄악을 범하기 쉬운 상태를 만든다는 점에서 유해한 것이다.

이성적 인간임을 자부하는 우리가 선조들이 진리라고 했던 것이 허위로 판명되었다고 해서 떠들어대는 것만큼 민망한 일은 없다. 우리가 선조들의 시대와는 다른 새로운 조화의 기초를 찾아낸다면 좋은 일 아닌가.
- 마르티노

성인의 덕성은 먼 나라로 여행하는 것, 또는 높은 산에 오르는 것과 같이 이루어진다. 먼 나라에 도착하는 것도 최초의 한 걸음에서 시작된다. 높은 산에 오르는 것도 산기슭의 한 걸음부터 시작되는 것이다.
- 공자

참다운 덕성은 자기 뒤의 그림자나 영예 속에서 저절로 얻어지는 것이 아니다.
- 괴테

진리를 가까이할수록 우리는 참을성이 많아진다. 그 반대로 참을성이 많으면 많을수록 우리는 진리에 가까워질 수 있다.

date / _____ | _____ / _____

hour / minute: | 오늘 발견한 나의 모습

hour / minute: ☆ 내일을 위한 오늘의 키워드

사색노트 _ EVERY DAY IS A NEW DAY

높은 덕성은
하루아침에 얻을 수
있는 것이 아니다

처음 학교에 들어가면 읽는 법과 쓰는 법을 가르쳐준다. 그러나 친구에게 편지를 쓰는 것이 필요한 일인지 아닌지에 대해서는 가르쳐주지 않는다. 음악 시간에는 또 우리에게 노래하는 법이나 악기 연주에 맞추어 춤을 추는 법을 가르쳐준다. 그러나 어느 때 노래를 하며 춤을 출 것인지에 대해서는 가르쳐주지 않는다. 오직 이성만이 우리에게 할 일과 해서는 안 되는 일을 가르쳐준다. 이성을 부여함으로써 신은 우리에게 무엇보다 필요한 것, 모든 것을 통제할 수 있는 힘을 우리의 정신 속에 불어넣어준다.

신은 나를 현재의 모습으로 만들어놓은 다음, 이렇게 말했을 것이다.

"에픽테토스, 나는 너에게 지금의 보잘것없는 육체나 하찮은 지위보다는 훨씬 좋은 것을 줄 수 있다. 그러나 그렇게 하지 않았다고 해서 나를 책망하지는 말아라. 나는 너에게 하고 싶은 것은 무엇이나 다 할 수 있는 완전한 자유를 주고 싶지는 않았다. 그러나 나는 너에게 나의 일부분을 주었다. 나는 너에게 자유로운 이지를 주었던 것이다. 만약 네가 경험하는 모든 것에 그 이성을 맞추어 나아간다면, 이 세상을 살아가는 데 있어서 무엇 하나 장애가 될 것은 없으리라. 너는 모든 사람들에 대해서나 모든 운명에 관해서나 무엇 하나 울며 슬퍼할 것을 갖게 되지는 않을 것이다. 일평생 평화롭고 안락하게 보내는 것이 너는 불행이라고 생각하느냐?"

– 에픽테토스

높은 덕성이란 하루아침에 얻을 수 있는 것이 아니다. 끊임없는 노력에 의해서 얻어지는 것이다.

date / _____ , _____ /

hour / minute:　　　　　　　　　　　오늘 발견한 나의 모습

hour / minute:　　　　　　　　☆ 내일을 위한 오늘의 키워드

사색노트 _ **EVERY DAY** IS A NEW DAY

많은 사람이 수긍해도
착각이 진실이
될 수는 없다

사람이 오랫동안 집을 비웠다가 돌아오면 가족이나 마을 사람이나 친구들이 따뜻하게 환영해주듯, 이곳에서 착한 일을 하면 다른 곳에서도 오래 환영을 받으며 마치 친한 친구를 대하듯 반가운 대접을 받을 것이다.
- 붓다

많은 사람들이 수긍한다고 해서 착각을 진실이라고 할 수는 없다.

사람들은 자기가 아무것도 보고 있지 않으면 남들도 보지 못하리라고 생각하는 경향이 있다. 그것은 마치 어린애들이 제 잘못을 감춘답시고 제 손으로 눈을 가리는 것과 같은 착각이다.
- 리히텐베르크

교양이 없어서 방탕한 사람은 학식도 있는데 방종한 사람보다는 그래도 낫다. 전자는 맹목적이기 때문에 발을 헛디딜 수도 있지만, 후자는 멀쩡한 눈을 갖고도 우물에 빠지는 것과 같기 때문이다. 과거에는 존재하지도 않았던 교육이나 문명의 혜택을 받은 현대인들이 범하는 죄악은 후자의 경우에 속하는 최대의 죄악이다.

date / _____ | _____ /

hour / minute:

오늘 발견한 나의 모습

hour / minute:

☆ 내일을 위한 오늘의 키워드

사색노트 _ EVERY DAY IS A NEW DAY

잘 죽기 위해서는
죽음을 두려워하지
않아야 한다

이렇게 늙기 전에는 나도 잘 살기 위해서 노력했다. 그러나 이제 나는 잘 죽기 위해서 노력하고 있다. 잘 죽기 위해서는 죽음을 두려워하지 않아야 한다.
- 세네카

지식은 위대한 자를 겸손하게 하고, 평범한 자를 놀라게 하고, 지극히 유치한 자에게는 부질없는 자랑을 안겨준다.
- 세네카

학문의 진정한 사명은 태양 속에 있는 흑점의 원인을 조사하기보다는 우리들 자신의 법칙을 해명하고, 그 법칙을 지키지 않았을 때의 결과를 해명하는 데 있다.
- 러스킨

만약 죽는 게 무섭다고 생각된다면, 그 원인은 죽음 속에 있는 것이 아니라 우리에게 있는 것이다. 인간은 옳은 생활을 하면 할수록 죽음에 대한 공포가 줄어든다. 완성된 인간에게 죽음은 존재하지 않는다.

date /   /

hour / minute:　　　　　　　　　　　오늘 발견한 나의 모습

hour / minute:　　　　　　　　☆ 내일을 위한 오늘의 키워드

사색노트 _ **EVERY DAY** IS A NEW DAY

어린아이는
눈썹이 눈을 보호하듯
자신의 영혼을 지킨다

인생의 총체적인 의의를 구하기 위해서는 양심의 소리에 귀를 기울여야 한다. 양심의 소리는 진리의 길에서 벗어났거나 벗어나려는 조짐을 느낄 수 있는 사람에게는 항상 명백하고도 또렷하게 들리는 것이다.
- 스트라호프

어린아이들은 가끔 그 가녀린 손가락 사이에 어른의 손으로는 잡지 못할 진리를 잡고 있다.
- 러스킨

어린아이는 자기의 영혼을 알고 있다. 그 영혼은 소중하고 귀한 것이다. 어린아이는 눈썹이 눈을 보호하듯이 그 영혼을 지키고 있다. 그리하여 사랑이라는 열쇠가 없으면 아무도 그 영혼 속으로 들어오지 못하게 한다.
- 에머슨

그 천진난만한 동심과 완전한 것에 도달할 수 있는 일체의 가능성을 지닌 어린아이들의 끊임없는 탄생, 이런 일이 없다면 이 세상은 얼마나 살벌한 곳이 되었을 것인가!

date /   ,   /

hour / minute: 오늘 발견한 나의 모습

hour / minute: ☆ 내일을 위한 오늘의 키워드

■ 사색노트 _ **EVERY DAY** IS A NEW DAY

양심은 우리들의
꿈을 쫓아내는 자명종이며
새벽닭의 울음소리다

　양심의 소리는 언제나 미묘한 상황에서 이해를 초월한 선택을 요구한다. 이 점에 있어서 양심의 소리는 명예욕과 구별된다. 명예욕은 때때로 양심의 소리와 혼합되어 나타나기도 하는 것이다.

　헤라클레이토스는 말했다.
"같은 물에 두 번 발을 담글 수 없다."
나는 말하고 싶다.
"똑같은 경치를 두 번 구경할 수는 없다. 왜냐하면 경치는 하나의 만화경이며, 보는 사람의 마음도 그때그때 변하기 때문에."
　양심만이 최면 상태나 무의식으로부터 우리를 눈뜨게 해준다. 그리고 양심은 인간적인 번민, 인간적인 의무의 거친 물결 속으로 우리를 밀어넣는 것이다. 양심은 우리들 자신의 꿈을 쫓아내는 자명종이며 새벽닭의 울음소리인 것이다.
- 아미엘

　구원은 사람들에게 제사의식이나 신앙을 강조하기 위해 있는 것은 아니다. 구원은 항상 자기 인생의 의미를 명확하게 이해하는 데 있다.

　신과 황금을 함께 섬길 수는 없다. 속세의 행복을 위해서 마음을 괴롭히는 사람은 도덕적인 가르침을 따르고 싶어도 따를 수가 없다.

date / _____ / _____ /

hour / minute:

오늘 발견한 나의 모습

hour / minute:

☆ 내일을 위한 오늘의 키워드

■ 사색노트 _ **EVERY DAY** IS A NEW DAY

자기 힘으로도
어쩔 수 없는 일로
화내지 말라

　나는 운명을 슬퍼하거나 불평하지는 않는다. 딱 한 번 구두를 잃어버리고 다시 살 수 없었을 때 불평을 한 적은 있었다. 그때 나는 무거운 마음을 안고 교회 안으로 들어갔다. 거기서 발이 없는 사람을 보았다. 비로소 나는 완전한 두 발을 주신 신에게 감사를 드렸다. 구두쯤은 문제도 되지 않았다.
- 사디

　만약 자신의 처지가 만족스럽지 못하다고 생각된다면 다음의 두 가지 방법으로 극복해보라. 그 하나는 생활 상태를 좋게 하는 일이고, 또 하나는 자기 영혼의 상태를 좋게 하는 일이다. 전자는 항상 가능한 것이 아니고, 후자는 언제든 가능한 것이다.
- 에머슨

　인간은 강요당하기 위해서 존재하는 것이 아니다. 마찬가지로 굴종하기 위해서 존재하는 것도 아니다. 사람들은 이 두 가지 때문에 서로 해를 끼치고 점점 더 황폐해져가고 있는 것이다.
- 콩시데랑

다음 두 가지 일에 대해서는 화내지 말라. 그 첫째는 자기 힘으로 할 수 있는 일이요, 둘째는 자기 힘으로도 어쩔 수 없는 일이다.

date /   ,   /

hour / minute: 오늘 발견한 나의 모습

hour / minute: ☆ 내일을 위한 오늘의 키워드

▍ 사색노트 _ **EVERY DAY** IS A NEW DAY

토지는 결코
어느 한 개인의
소유물이 아니다

불신 가운데 가장 무서운 것은 자기 자신을 믿지 않는 것이다.
- 칼라일

해가 뜨면 부엉이나 올빼미가 모습을 감춰버리듯, 진리에 대한 오류가 진리를 압박하고 대신 그 자리를 차지하고 있더라도 결국 진리는 밝혀지고 만다.
- 쇼펜하우어

얼마 안 되는 땅덩어리에 울타리를 둘러치고 그곳을 자신의 영토라고 선포하거나 그런 선포를 고지식하게 믿는 단순한 사람들을 이용해왔던 자들, 이런 사람들이 지주들로 이 사회를 건설한 최초의 족속들이다. 담의 말뚝을 뽑아서 담 대신이던 운하를 메우고 "주의하라. 기만자를 믿지 말라. 만약 그대들이 토지는 어떤 한 사람의 사유로도 안 된다는 것, 토지의 수확은 모든 사람들에게 속한다는 것을 잊어버린다면 멸망할 것이다." 라고 부르짖는 사람이 있었다면, 인류는 얼마나 많은 죄악을 피할 수 있었을 것인가?.
- 루소

토지는 결코 어느 한 개인의 소유물이 될 수 없다.

다른 모든 병폐와 마찬가지로, 토지를 사유하는 것은 그런 의롭지 못한 상태를 유지하기 위해 필요한 모든 악과 부정에 필연적으로 연결되어 있다.

date / _____ | _____ / _____

hour / minute:　　　　　　　　　　오늘 발견한 나의 모습

hour / minute:　　　　　　　　☆ 내일을 위한 오늘의 키워드

사색노트 _ **EVERY DAY** IS A NEW DAY

날마다 새로운 하루를 위한 나의 다짐 **2**

: 하루 계획 세우기

1.

2.

3.

: 일주일 계획 세우기

1.

2.

3.

: 한 달 계획 세우기

NOTES FOR CONTEMPLATION
Lev Tolstoy

There is no grief which
time does not lessen
and soften

시간이 덜어주지 않는
슬픔은 없다

사색노트 _ EVERY DAY IS A NEW DAY

정신은 눈에 보이지 않으나
모든 것을
보고 있다

 신은 모든 것을 본다. 그러나 우리는 신을 보지 못한다. 마찬가지로 정신은 눈에 보이지 않는다. 그러나 정신은 모든 것을 보고 있다. 정신이 육체를 지배한다. 그러나 육체는 결코 정신을 지배하지 못한다. 자신을 변화시키기 위해서는 정신적인 개선이 이루어져야 한다. 육체적인 변화만으로는 결코 자기 자신을 바꿀 수 없다.

 진리를 입으로 말하기는 쉽다. 그러나 진리를 얻기 위해서는 얼마나 많은 내면적인 노력이 필요한 것인가! 정의의 단계는 도덕적 완성의 단계와 같은 위치에 있는 것이다.
- 공자

 참된 구원은 마음속에 있는 악에서 자유로워지는 것이다.
- 채닝

사람들이여, 인생의 본질을 육체적 생활에 두지 말라. 육체란 정신을 담고 있는 그릇에 불과하다. 삶을 지탱시키는 것은 정신의 힘이다. 우리는 정신적인 힘에 의해서 살아가고 있는 것이다. 정신을 배제한 육체는 움직이지 않는 자동차나 렌즈 없는 카메라와 같다.

date /   ,   /

hour / minute:　　　　　　　　　오늘 발견한 나의 모습

hour / minute:　　　　　　　☆ 내일을 위한 오늘의 키워드

| 사색노트 _ **EVERY DAY** IS A NEW DAY

참다운 생명에
이르는 문은 작고
그 길은 좁다

   오늘날의 교회는 신의 이름을 빙자하여 어떤 특별한 자리에 있으려고 한다. 교회는 철학과도 담을 쌓아버렸다. 마치 종교와 철학이 아무런 연관성도 없이 각각의 길을 가려고 하는 듯이. 이제 철학자들은 어떻게 해야 할 것인가. 일단 그 벽을 부숴버려야 할 것이다. 교회에 속한 사람들은 어떻게 하고 있는가? 그들은 우리를 훌륭한 신앙인으로 만들어주겠다는 구실 아래 가장 어리석은 철학자로 만들고 있다.
– 레싱

   진리를 탐구하는 일에는 항상 번뇌와 불안이 따른다. 그러나 진리는 탐구하지 않으면 안 된다. 사람이 진리를 사랑하지 않는다면 결과는 파멸뿐이다.
   "만약 진리가 나에게 사랑받기를 바란다면 미리 내 앞에 모습을 보여야만 할 것이다."
   그대는 이런 생각을 할지도 모른다. 그러나 진리는 지금도 그대 앞에 모습을 나타내고 있다. 다만 그대가 보지 못할 뿐이다.
– 파스칼

사람이 일에 열중하면 몸이 아픈 줄도 모른다. 그러나 일하지 않는 사람은 조금만 아파도 엄살을 부린다. 마찬가지로 덕성의 완성을 인생의 중요한 목적으로 삼고 있는 사람들은 예사로 견디는 역경이라도, 정신적인 수양을 쌓지 못한 사람들은 치명적인 불운으로 여긴다.

date /   ,   /

hour / minute: 오늘 발견한 나의 모습

hour / minute: ☆ 내일을 위한 오늘의 키워드

| 사색노트 _ **EVERY DAY** IS A NEW DAY

육체는 정신이
잠깐 머물러 있는
객줏집일 뿐이다

 조금 더 복잡하고 차원 높은 선택의 자유는 감정에 따르느냐 감정을 누르느냐, 다시 말하면 노여움을 폭발시키느냐 참느냐 하는 문제를 결정하는 일이다. 가장 곤란하고 중대한 선택은 자기 사상의 방향을 결정짓는 것이다. 그대의 사상을 깨끗이 하기에 노력하라. 그대가 만약 악한 사상을 가지고 있지 않다면 악한 행위도 하지 않을 것이다.
- 공자

 좋지 않은 일이라고 판단되는 일은 처음부터 하지 말라.
- 에픽테토스

 정신은 육체를 영구히 거주할 집으로 삼고 있는 것이 아니다. 우리 육체는 정신이 잠깐 머물러 있는 객줏집에 불과하다.
- 인도 잠언

이 무한 세계에 있어서 자기는 한정된 존재라는 의식, 그리고 자기가 할 수 있으며 또 해냈어야 할 일을 다하지 못했다는 죄의식. 이러한 의식은 인간이 인간인 동안은 언제까지나 계속되리라.

date / _____ , _____ /

hour / minute:　　　　　　　　　　오늘 발견한 나의 모습

hour / minute:　　　　　　　　☆ 내일을 위한 오늘의 키워드

사색노트 _ EVERY DAY IS A NEW DAY

진실로 두려워해야 할 것은
허영의 방패일 뿐인
지식이다

　우리는 죽는다. 영원히 살 수 있는 존재가 아니다. 우리에게는 오직 얼마 안 되는 순간만이 주어졌을 따름이다. 그러나 우리의 영혼은 그것 때문에 공포를 느끼지는 않는다. 우리의 영혼은 영원히 죽지 않기 때문이다.

　우리들 인간보다 높은 곳에 있는 것, 그리고 낮은 곳에 있는 것, 과거에 속하거나 미래에 존재하는 것에 대한 모든 수수께끼를 단숨에 알아내기를 원하는 사람은 차라리 태어나지도 말았어야 했다.
– 탈무드

필요 이상으로 많이 아는 것보다는 가능한 한 적게 아는 편이 오히려 낫다. 무지를 두려워하지 말라. 그대가 진실로 두려워해야 할 것은 너무 무거워 짐이 되는 지식이나 허영의 방패가 될 뿐인 지식이다.

동물이 고통받는 모습을 보고 마음이 괴롭다면 그 고통받는 모습을 보지 않으려고 도망치거나 눈을 감아버릴 것이 아니라, 고통받는 동물에게 가까이 다가가서 그 고통을 덜어줄 방법을 찾도록 하라.

date /   /

hour / minute:

오늘 발견한 나의 모습

hour / minute:

☆ 내일을 위한 오늘의 키워드

▍사색노트 _ **EVERY DAY** IS A NEW DAY

생명 있는 모든 것은
생명을 중히
여긴다

　신선한 우유, 달디단 꿀, 향기로운 열매. 대지는 이토록 풍부한 혜택을 그대에게 제공하고 있다. 참혹한 살생을 하지 않더라도 대지는 훌륭한 식탁을 준비해놓고 있는 것이다. 살아 있는 고기로 배고픔을 면하는 것은 오직 야수뿐이다. 말이나 소나 양은 초원의 풀만 뜯어먹고도 평화롭게 살아간다. 다만 사나운 호랑이, 흉포한 사자, 피를 보고 흥분하는 늑대 같은 야수들만이 광적으로 육식을 즐긴다.

　무엇 때문에 우리는 이러한 죄악의 습관을 갖는 것인가? 우리들 자신과 다름없이 생명을 가진 것들의 피와 살로써 굶주림을 면한다는 것은 용서할 수 없는 일이다. 우리는 야수가 아니다. 우리는 인간이다.

　살아 있는 모든 것은 고통을 두려워한다. 그대 자신도 살아 있는 모든 것 중의 하나임을 알라. 결코 살생하지 마라. 생명 있는 모든 것은 생명을 중히 여긴다.
- 붓다

무릇 살생은 혐오해야 할 일이다. 더구나 먹기 위해서 살생하는 것처럼 혐오스러운 일은 없다. 그리고 사람이 살생의 방법에 대해 연구하거나 살생한 동물을 가장 맛있는 요리로 만들어 먹기 위해 노력하는 모습은, 그 살생을 더욱더 혐오스럽게 한다.

date / _____ , _____ /

hour / minute: | 오늘 발견한 나의 모습

hour / minute: ☆ 내일을 위한 오늘의 키워드

사색노트 _ EVERY DAY IS A NEW DAY

행복은
외부에 있는 것이 아니라
우리 내부에 있다

선한 행위를 한 사람만이 제대로 배운 사람이다.
- 인도 잠언

사람들은 자기의 두뇌나 마음을 살지게 하기보다는 몇천 배나 더 많은 부를 얻기 위해서 마음을 쓴다. 그러나 우리의 행복은 외부에 있는 것이 아니라 내부에 있는 것임을 알아야 한다.
- 쇼펜하우어

정신적인 생활을 하고 있는 사람은 부가 필요하지 않을 뿐 아니라 도리어 방해가 된다. 부는 참된 생활에 방해가 되는 것이다.

크게 성공하여 이 세계를 쥐락펴락한 사람들은 재능이 비범한 사람이 아니라 자신감이 강하고 뜻을 높은 데 두고 꾸준히 매진한 사람들이었다.

date /   ,   /

hour / minute: 오늘 발견한 나의 모습

hour / minute: ☆ 내일을 위한 오늘의 키워드

사색노트 _ EVERY DAY IS A NEW DAY

인간의 모든 행위가
이성적인 판단으로
이루어지는 것은 아니다

남에 대해서 판단을 내릴 때, 비록 그 사람의 결점을 확실히 알고 있다 하더라도 비방을 하지 않도록 조심하라. 자기 자신이 그 사람의 결점을 확실히 알고 있는 것도 아니고 단지 남의 말을 들은 것에 불과하다면 더욱 조심하라.

인간의 모든 행위가 이성적인 판단으로 이루어지는 것은 아니다. 그렇다고 해서 감정에 의한 것만도 아니다. 때로는 무의식적인 모방으로, 때로는 맹목적으로 이루어지는 것이다.

인간은 남의 경험을 이용하는 특이한 동물이다.

자신의 이성적 판단에 의한 것이 아니라 외부로부터의 영향으로 충동적으로 행동하게 될 때에는 멈추어 서라. 그리고 그대를 움직이려는 그 영향이 선한 것인가, 악한 것인가를 생각하라.

date / _____ , _____ /_____

hour / minute: 오늘 발견한 나의 모습

hour / minute: ☆ 내일을 위한 오늘의 키워드

■ 사색노트 _ **EVERY DAY** IS A NEW DAY

속세의 생활은
빛을 어둡게
한다

침묵, 침묵 속에 가만히 숨어 있어라.
그리고 마음속 깊이 파고들어라.
그대의 가슴속 아련한 공상이 밤하늘의 샛별처럼 그 자태를 나타낼 것이다.
그것을 그립게 여겨라. 그리고 침묵하라. 영혼은 무엇이라 속삭이는가.
그대 자신의 영혼을 어떻게 다른 사람들이 이해할 수 있을까.
그대가 무엇 때문에 살고 있는지 남들이 어떻게 이해할 수 있을까.
말로 나타난 사상은 허위이다.
열쇠로 열어도 흐트러짐이 없이 침묵 속에서 사랑을 길러라.
오직 자기 자신에 의해서만 산다는 것을 알라.
모든 세계는 그대의 영혼 속에만 있다.
신비한 마력과 같은 지혜를 바깥세계의 소음이 누르고 있다.
속세의 생활은 빛을 어둡게 한다.
그 노래에 주의하라. 그리고 침묵하고 있어라.

자기부정이란 글자 그대로 자기 자신을 부정해버리는 것이 아니다. 그것은 자아를 동물적인 영역에서 정신적인 영역으로 옮겨놓는 것을 의미한다.

date / _____ / _____

hour / minute:

오늘 발견한 나의 모습

hour / minute:

☆ 내일을 위한 오늘의 키워드

사색노트 _ EVERY DAY IS A NEW DAY

성인은
무지를 부끄러워하지
않는다

 죄 많은 사람은 언제나 다른 사람과 연락을 취하며 생활하고 있다. 그러나 죄를 더하면 더할수록 내면적으로는 점점 외로움을 느끼게 되는 것이다. 반대로 선량하고 총명한 사람은 다른 사람과의 관계를 통해서는 가끔 외로움을 느끼지만, 오히려 세계와의 끊임없는 결합을 의식하고 있는 것이다.

 성인은 무지를 부끄러워하지 않는다. 그는 회의를 두려워하지 않으며 곤경에 처해서도 자아에 대한 성찰을 게을리하지 않는다. 그러나 단 하나 두려워하는 것이 있다. 그것은 무지를 의식하지 못하는 것이다.

 자기가 알고 있는 것이 많지 않다는 것을 깨닫기 위해서는 부지런히 배우고 깨우쳐야 한다.
 - 몽테뉴

때때로 일체의 외부적인 관계를 끊고 자기 자신의 본질 속에 잠기는 것은 육체에 음식물이 필요한 것과 같이 영혼의 활력소가 된다.

date / / /

hour / minute:

오늘 발견한 나의 모습

hour / minute:

☆ 내일을 위한 오늘의 키워드

사색노트 _ **EVERY DAY** IS A NEW DAY

곧 죽을지도 모른다는
마음가짐으로
일하라

바구니 속에 먹을 것을 가득 넣어 가지고 있는 사람이 내일은 무엇을 먹을까 걱정하는 것만큼 어리석은 일은 없다.
- 탈무드

붓다는 이 세상에서 가장 범접하기 어려운 사람을 이렇게 평했다. 가난하면서도 동정심이 많은 사람, 부귀공명을 온전히 누리면서도 신앙이 깊은 사람, 운명에 굴복하지 않는 사람, 정욕을 억제하고 소멸시키는 사람, 매혹적인 것을 보고도 마음이 움직이지 않는 사람, 성공하지 못하고도 오히려 굳센 사람, 악으로써 보복하려 하지 않고 모욕을 감내할 줄 아는 사람, 사물의 근본까지를 알려고 하는 사람, 무지한 사람을 비방하지 않는 사람, 자아로부터 완전히 벗어날 줄 아는 사람, 선함과 동시에 학문이 깊으며 또한 현명한 사람, 종교 속에 숨겨진 심오한 진리를 파악할 줄 아는 사람, 싸움을 피하는 사람, 대개 이런 사람들을 우리는 존경하게 된다.
- 중국 격언

이 순간을 영원처럼 살아가라. 그리고 지금 곧 죽을지도 모른다는 마음가짐으로 일하라. 다른 사람들과 교제할 때도 그대가 곧 죽을지도 모른다는 생각으로 최선을 다하라.

date / _____ , _____ /

hour / minute: 오늘 발견한 나의 모습

hour / minute: ☆ 내일을 위한 오늘의 키워드

사색노트 _ EVERY DAY IS A NEW DAY

자기가 가진 것 이상으로
바라기 때문에
불행하다

도둑이 훔쳐갈 수도 없고 폭군이 약탈해갈 수도 없으며, 그대가 죽은 뒤에도 결코 썩지 않고 남아 있을 보물을 간직하라.
- 인도 잠언

빈곤이 곧 불행의 원인은 아니다. 자기가 가진 것 이상의 것을 바라기 때문에 사람들은 불행한 것이다.
- 세네카

만일 누군가가 그대를 비방하거든 쓸데없이 마음 쓰지 말고 너그럽게 받아넘겨라. 그러나 그대가 남의 비난을 입에 올렸을 때는 어떤 경우에도 그 말이 대수롭지 않다 해서 스스로에게 관대해지는 일이 없도록 하라. 그대가 비난한 당사자에게 진심으로 사과를 하고, 진실한 우정을 회복할 수 있을 때까지 결코 스스로를 먼저 용서하지 말라.
- 탈무드

무릇 부는 만족을 줄 수 없다. 재산이 불어날수록 그 욕심도 커지는 법이다. 그리고 만족의 정도는 재산이 불어감에 따라 더욱 줄어드는 법이다.

date /   ,   /

hour / minute: 오늘 발견한 나의 모습

hour / minute: ☆ 내일을 위한 오늘의 키워드

| 사색노트 _ **EVERY DAY** IS A NEW DAY

용서와 관용은
모든 사람에게 필요한
미덕이다

어리석고 무지한 인간에 대응하는 가장 좋은 방법은 침묵이다. 그런 사람에게 말대답을 하면 그 말은 곧 그대에게 되돌아온다. 비난을 비난으로 갚는 것은 타오르는 불 속에 장작을 넣는 것과 같다. 자기를 비난하는 자에게 온화한 미소를 보낼 줄 아는 사람은 이미 상대방을 이긴 것이다.
- 러스킨

큰물은 돌을 던져도 그 흐름이 흐트러지지 않는다. 남의 비난에 마음이 흔들리는 사람은 큰물은커녕 물구덩이보다도 옹졸한 인간이다. 다른 사람 때문에 불행해졌다면 스스로 그 불행의 구렁텅이를 헤쳐 나와라. 어쩌면 그대도 용서받아야만 할 인간인 것이다. 우리는 누구나 결국 흙으로 돌아갈 인간이라는 사실을 기억하라. 살아 있는 동안만이라도 부디 평화롭게 살기를.
- 사디

남을 용서할 줄 모르는 사람은 자기가 건너가야 할 다리를 스스로 무너뜨리는 사람이다. 용서와 관용은 모든 사람들에게 필요한 미덕이다.

date / _____ | _____ / _____

hour / minute:

오늘 발견한 나의 모습

hour / minute:

☆ 내일을 위한 오늘의 키워드

사색노트 _ **EVERY DAY** IS A NEW DAY

한번 입에 담았던 말은 언제까지고 사라지지 않는다

인간의 모순은 자기 자신을 올바르게 하는 것을 잊고 남을 바르게 이끌려고 하는 데 있다.
– 맬러리

부주의가 인간의 욕정을 부채질한다. 그러므로 말을 삼간다는 것은 커다란 미덕이다.
– 세네카

시간은 흐른다. 그러나 입에 담았던 말은 언제까지라도 사라지지 않는다. 사람들이 누군가를 비난할 경우에는 덩달아 맞장구를 치기 전에 주의 깊게 그 이유를 따져볼 필요가 있다. 누군가를 칭송할 경우에도 무작정 동조하기 전에 주의 깊게 그 이유를 살펴볼 필요가 있다.
– 공자

자로 열 번 측정해본 다음에 잘라라. 내 이웃의 부족한 점이나 단점을 말하려면 백 번쯤 생각하라. 그러고 나서 말해도 늦지 않다.

date /   /

hour / minute: 오늘 발견한 나의 모습

hour / minute: ☆ 내일을 위한 오늘의 키워드

사색노트 _ EVERY DAY IS A NEW DAY

인간의 의무를 다하는 데 방해가 되는 병은 없다

　병든 사상은 병든 육신보다 처치하기 곤란하다. 게다가 그 종류도 훨씬 많다.
- 키케로

　재산은 거름과 같다. 모으기만 하면 악취를 풍기지만 사방에 뿌리면 대지를 기름지게 한다.

　부자와 가난한 사람들로 이루어진 이 사회에서 사람들은 권력자의 포로가 될 수밖에 없다. 가난한 사람들에게는 반항할 만한 힘이 없다. 그럴수록 부자들의 곳간은 더 이상 빈자리가 없을 정도로 수많은 재물이 쌓여간다.
- 헨리 조지

　무슨 병이든 인간의 의무를 다하는 데 방해가 되는 병은 없다. 노동으로써 타인에게 봉사할 수 없다면, 사랑이 가득 찬 인내로써 봉사하도록 노력하라.

date /   ,   /

hour / minute: | 오늘 발견한 나의 모습

hour / minute: ☆ 내일을 위한 오늘의 키워드

사색노트 _ EVERY DAY IS A NEW DAY

신은 사람들이 일상생활에서
표현해야만 하는
이상이다

　내가 신에 대해 얘기할 때 금이나 은으로 만든 그 어떤 물체에 대해서 얘기하는 것으로 착각하지 말라. 내가 얘기하는 신이란 그대가 마음속으로 깨닫고 있는 신이다. 신은 우리들 각자의 마음속에 있는 것이다. 그런데 우리는 스스로의 부정한 생각이나 행위로 인해 마음속에 있는 신의 모습을 더럽히고 있다.

　그대들이 신이라고 받드는 그 황금으로 만든 우상 앞에서 그대들은 격에 맞지도 않게 고상하게 처신하려고 애쓴다. 하지만 그대들 자신 속에 있으며 모든 일을 알고 있는 신 앞에서는, 부정한 생각에 사로잡혀 사악한 행동을 하면서도 조금도 얼굴을 붉히지 않는다. 만약 언제나 신이 우리들 안에 있다는 것을 잊지만 않는다면 우리는 결코 죄를 범하지 않으리라. 될 수 있는 대로 자주 신에 대해 얘기하라.
　- 에픽테토스

　신은 맹목적인 기도나 아첨을 바라는 우상이 아니다. 신은 사람들이 일상생활에서 표현해야만 하는 이상이다.
　- 맬러리

공기를 호흡함으로써 살고 있다는 것을 깨닫지 못하는 사람일지라도 질식하게 될 때에는 그 무엇인가를 빼앗겼다는 것을 깨닫게 될 것이다. 신을 빼앗긴 사람 역시 마찬가지이다.

date / _____ ı _____ / _____

hour / minute: | 오늘 발견한 나의 모습

hour / minute: ☆ 내일을 위한 오늘의 키워드

▍사색노트 _ **EVERY DAY** IS A NEW DAY

보이지 않는 것이
보이는 것을 만들어내는 것이
인생의 법칙이다

부자는 항상 남의 슬픔에 대해 냉정하며 무관심하다.
- 탈무드

모든 것에서 구원받기 위해서는 자신의 정신력을 인식하지 않으면 안 된다. 그런 사람은 어떠한 일이 생긴다 하더라도 결코 불행에 빠지는 일이 없는 것이다.

인생의 법칙이란 보이지 않는 것이 보이는 것을 만들어내는 데 있다. 그러나 그 원인은 항상 숨어 있다. 그 결과만이 보이는 것이다. 보이지 않는 것을 믿는다는 것은 모든 힘의 원인을 믿는다는 것이다. 다만 보이는 것만을 인정한다는 것은 무익하고 일시적이며 헛된 수고임을 뜻한다.
- 맬러리

이 세상을 하찮게 생각하는 것은 동시에 자기 자신도 경시하는 것이다. 이보다 더 도덕적인 완성에서 멀어지는 길은 없다.

date /   ,   /

hour / minute: 오늘 발견한 나의 모습

hour / minute: ☆ 내일을 위한 오늘의 키워드

사색노트 _ EVERY DAY IS A NEW DAY

자신의 존엄성을
자각하는 사람은
자기 자신만을 존경한다

그 일이 보잘것없다는 이유로 자기가 해야 할 일을 외면하는 사람이 있다면 그는 자신을 속이고 있는 것이다. 그 사람은 그 일이 보잘것없기 때문에 안 하는 것이 아니라, 자신의 능력에 벅차기 때문에 못하는 것이다.

일을 끝까지 하지 못해도 좋다. 다만 처음부터 포기할 생각만은 하지 말라. 그대에게 그 일을 맡긴 사람은 언제나 희망을 버리지 않는다.
- 탈무드

교만한 사람은 자기 자신을 존경하는 것이 아니라 자기 자신에 대한 세상 사람들의 평가를 중요하게 여긴다. 자신의 진정한 존엄성을 자각하는 사람은 다만 자기 자신만을 존경한다. 그리고 세상 사람들의 평판은 가볍게 여긴다.

대부분의 사람들은 참된 존경의 대상이 될 만한 것을 자랑으로 생각지 않는다. 반대로 다소 비천하게 여겨질 수도 있는 것, 가령 권력이나 부나 명예를 자랑으로 생각한다.

date /   ,   /

hour / minute:　　　　　　　　　　　오늘 발견한 나의 모습

hour / minute:　　　　　　　　　☆ 내일을 위한 오늘의 키워드

사색노트 _ **EVERY DAY** IS A NEW DAY

그대의 능력을
쓸데없는 곳에
소모하지 말라

　훌륭한 가르침을 완전히 이해하기도 전에 남을 가르치려는 사람이 있다. 이런 사람은 금방 먹은 것을 그대로 토해버리는 것과 같다. 최초의 가르침을 자기 속에서 충분히 익히지 않으면 안 된다. 그 전에는 결코 밖에 내놓지 말라. 그렇게 하지 않으면 결국 어떠한 음식도 받아들일 수 없는 소화불량에 빠지고 만다.
– 에픽테토스

　하찮은 일에 관습을 따르는 것은 귀중한 시간과 정력을 허비하는 일이다. 낡은 제도를 지지하고 남의 비위를 맞추기 위해 노예처럼 굽실거린다면, 그대 자신의 정체성은 점점 희미해지게 될 것이다. 그대의 능력을 쓸데없는 곳에 소모하지 말라. 이런 생활은 육체와 정신을 다 같이 멸망시키는 것이다.
– 에머슨

　도덕적인 생활을 해나가려면 악한 사람들의 비난이나 조롱도 감당해야 한다. 그러나 그 때문에 슬퍼하거나 모욕당했다고 생각할 필요는 없다. 도덕적인 사람들이 악한 사람들의 증오를 불러일으킨다는 것은 당연한 일이기 때문이다. 그렇다고 해서 중단해서는 안 된다. 악한 사람들에게 미움을 받는다는 것은 그만큼 도덕적이라는 증거이기 때문이다.
– 조로아스터

　이 세상의 관습을 초월한 사람들에게 화를 내는 것은 죄악이다. 그러나 세상의 관습에 젖어 자기의 양심을 돌보지 않는 사람은 그 이상으로 악하다.

date / ‚ /

hour / minute:　　　　　　　　　　　오늘 발견한 나의 모습

hour / minute:　　　　　　　　☆ 내일을 위한 오늘의 키워드

■ 사색노트 _ **EVERY DAY** IS A NEW DAY

자기 영혼을
성찰하는 일은
인간의 의무다

인간의 진화를 위한 두 개의 기관 중 하나가 예술이다. 사람들은 언어로써 자기의 사상을 정한다. 그리고 예술적 형상화를 통해 현재뿐만 아니라 과거와 미래의 모든 사람들과 감정을 나눌 수 있게 된다.
- 러스킨

참다운 예술 작품은 그 작품을 애호하는 사람들의 의식 속에 녹아든다. 그것은 일반 대중과 예술가 사이의 구별을 없앨 뿐 아니라 그 작품을 감상하는 모든 사람들 사이의 구별도 없애버린다.

인간의 의무는 자기의 영혼을 성찰하는 일이다. 이를테면 자기의 영혼을 되찾아 더욱더 위대하게 만드는 일이라고도 할 수 있다.

인간은 자유로운 존재로 태어났지만 눈에 보이지 않는 쇠사슬에 묶여 있다. 누구에겐가 '주인'으로 불리는 사람도 실은 그 이상의 노예이다.

date /   ,   /

hour / minute: 오늘 발견한 나의 모습

hour / minute: ☆ 내일을 위한 오늘의 키워드

사색노트 _ EVERY DAY IS A NEW DAY

어제보다 나은 오늘을 위한 다짐 점검하기 **2**

: 하루 계획 점검하기

1.

2.

3.

: 일주일 계획 점검하기

1.

2.

3.

: 한 달 계획 점검하기

NOTES FOR CONTEMPLATION
Lev Tolstoy

All we have to do is
Make TODAY a **GOOD**
and **HAPPY DAY**

우리가 할 일은 오늘이 좋은 날이며,
오늘이 행복한 날이 되게 하는 것

■ 사색노트 _ **EVERY DAY** IS A NEW DAY

사랑은
불행에서 행복을
만들어낸다

인간은 인간이 저지른 모순을 개선하기 위해 태어났다. 기만을 폭로하고 진리와 선을 다시 찾기 위해서 태어난 것이다. 그러므로 우리는 단 일 초 동안이라도 지나간 과거 속에 머물러 있지 말아야 하며, 항상 자신을 바르게 하고 매일 아침마다 새로운 생활을 꿈꾸며 대자연으로부터 많은 것을 배우지 않으면 안 된다.
– 에머슨

사랑은 죽음을 소멸시키며 죽음을 공허한 환영으로 바꾸어버린다. 또한 사랑은 무의미한 삶을 의미 있는 것으로 바꾸어놓으며 불행에서 행복을 만들어낸다. 그대가 만약 누구에게나 사랑으로 대할 수 있고 선행을 베풀 수 있거든 지금 당장 실천하라. 기회는 두 번 다시 오지 않는다.
– 리히텐베르크

사랑은 인간에게 몰아(沒我)를 가르친다. 사랑은 인간을 고통에서 구출해 준다. 사랑을 모르는 인간에게 우리는 아무런 기대도 할 수 없다.

인간 생활의 모든 모순을 해결하고 가장 큰 행복을 가져다주는 감정을 우리 모두 알고 있다. 그 감정은 바로 사랑이다.

date / _____ / _____

hour / minute: 　　　　　오늘 발견한 나의 모습

hour / minute: 　　　　　☆ 내일을 위한 오늘의 키워드

▎사색노트 _ EVERY DAY IS A NEW DAY

정의를 이루는 곳에
인간의 존엄성이
있다

모든 새들은 어디에 집을 지으면 좋을지 알고 있다. 새들은 맡은 바 사명을 알고 있는 것이다. 하물며 만물의 영장인 인간이 새도 알고 있는 것을 알지 못한다는 것은 이해할 수 없는 일이다.
- 중국 격언

어떤 사람이 감옥에 갇혔다고 가정해보자. 어떠한 판결이 자기에게 내려질지 그는 모르고 있다. 그러나 그 결과를 알게 될 시간도 앞으로 한 시간밖에 남지 않았다. 만약 그 사람이 한 시간 후에 사형선고를 받게 되리라는 것을 안다면 그가 트럼프 놀이나 하면서 시간을 보내겠는가. 그건 상상도 할 수 없는 일이다. 그러나 많은 사람들은 신과 영원에 관하여 생각함이 없이, 그 죄수와 같은 마음으로 세월을 보내고 있는지도 모른다.
- 파스칼

그것이 무엇인지도 모르고 그저 보고만 있는 사람에게 슬픔이 있으랴. 자기가 어디에 있는지도 모르고 다만 서 있기만 하는 사람에게도 또한 슬픔이 있으랴.
- 탈무드

도덕이란 사람들이 행하지 않으면 안 될 봉사이다. 비록 이 세상을 다스리는 신이 없다고 해도 도덕은 인생의 계율로 지켜야 한다. 정의를 알고 그것을 이루는 곳에 인간의 존엄성이 있다.

date / _____ / _____

hour / minute:　　　　　　　　　　오늘 발견한 나의 모습

hour / minute:　　　　　　　　　☆ 내일을 위한 오늘의 키워드

| 사색노트 _ **EVERY DAY** IS A NEW DAY

마음이 옹졸한 사람은
불평불만을
일삼는다

그대의 모든 재능과 지식은 남을 돕기 위한 수단이라고 생각하라. 힘이 센 자, 현명한 자에게는 그 힘과 지혜가 약한 자를 지도하고 돕기 위해 부여된 것이지, 약한 자를 압박하기 위해 부여된 것은 아니다.
- 러스킨

완벽한 행복이나 완벽한 평안은 불가능하다. 또 반드시 필요하지도 않다. 다만 편안한 때가 오면 그것을 귀중하게 생각하고 오래 계속되도록 노력하라.

너그럽고 아름다운 마음을 가진 사람은 언제나 평화롭고 만족스럽다. 마음이 옹졸한 사람만이 불평불만을 일삼는다.
- 중국 격언

사람들과 사귈 때, 그 사람이 그대에게 어떠한 도움이 될 수 있는가를 생각하지 말라. 다만 그대가 그 사람을 위해 어떤 봉사를 할 수 있는가를 생각하라.

date / _____ / _____

hour / minute:　　　　　　　　　　오늘 발견한 나의 모습

hour / minute:　　　　　　　　☆ 내일을 위한 오늘의 키워드

사색노트 _ EVERY DAY IS A NEW DAY

자존심은
교만의
시작이다

자존심을 유난히 내세우는 사람, 이 세상에서 누구보다도 자기를 높은 곳에 두고 싶은 본능에 매달리는 사람은 어쩔 수 없는 장님이다. 그만큼 정의와 진리에서 떨어져 있는 일은 달리 또 없다. 자존심은 그것 자체가 위험하다. 자신을 누구보다도 높은 곳에 두고 싶어하는 것은 모든 사람의 공통된 바람이기 때문이다. 그러니 충돌이 생기는 건 당연하다.
- 파스칼

많은 사람들이 공통의 약점을 가지고 있다. 그것은 아직도 자신이 배우는 처지에 있음에도 불구하고 남을 가르치려 한다는 것이다.
- 동양 잠언

인간에는 두 가지 유형이 있다. 그 하나는 자기는 바른 사람이지만 죄가 있다고 생각하는 사람이고, 또 다른 하나는 자기는 죄가 있는 사람이지만 바르다고 생각하는 사람이다.
- 파스칼

자존심은 교만의 시작이다. 교만은 자존심이 억제되지 못할 때 나타나는 것이다.

date / _____ , _____ / _____

hour / minute : 오늘 발견한 나의 모습

hour / minute : ☆ 내일을 위한 오늘의 키워드

■ 사색노트 _ **EVERY DAY** IS A NEW DAY

내 안에서 들려오는
양심의 소리에
귀를 기울여라

물체가 퍼지면 퍼질수록 그 내용은 엷어지기 마련이다. 인간의 자기 자랑도 이와 같다.

외부에서 들려오는 수천수만 마디의 외침도 그대를 다만 인생의 샛길로 인도할 따름이다. 그러니 그대는 오직 내부에서 들려오는 양심의 나직한 소리에 귀 기울여라.
- 맬러리

양심에 가책되는 일을 하지 말라. 진리에 어긋나는 말을 하지 말라. 이것을 가장 중요한 것이라고 생각하고 지켜라. 그때에 그대는 모든 인생의 문제를 해결할 수 있으리라. 그대의 의지를 도둑질할 강도는 존재하지 않는다. 이성이 용납하지 않는 일을 탐내지 말라. 모든 사람들의 행복을 기도하라. 그리고 개인적인 것을 탐내는 이기심을 버려라.
- 아우렐리우스

그대는 자기 자신이 불행하다고 생각하며 탄식하고 있다. 하지만 만약 다른 사람이 경험하고 있는 불행을 알게 된다면 자기의 고통은 사소한 것이라는 생각을 하게 될 것이다.

date /   /   /

hour / minute: 오늘 발견한 나의 모습

hour / minute: ☆ 내일을 위한 오늘의 키워드

사색노트 _ EVERY DAY IS A NEW DAY

지켜야 할 도덕은
먼 곳에 있는 것이
아니다

그대보다도 더욱 불행한 인간은 얼마든지 있다. 그와 같은 생각이 그 밑에서 편히 쉴 지붕이 되지는 못할지라도 적어도 소나기를 피하기에는 충분할 것이다.
- 리히텐베르크

자기 자신이 정신적인 실체임을 깨달은 사람들만이 자기와 이웃을 인간으로서 가치 있다고 판단한다.

사람이 걸어야 할 올바른 길, 지켜야 할 도덕은 먼 곳에 있는 것이 아니다. 만약 멀리 있는 것, 자기의 본질과 일치하지 않는 것을 도덕이라고 한다면 그것은 잘못된 생각이다. 자기 자신을 대하듯 다른 사람을 대하는 것이 가장 믿을 만한 도덕이다. 그는 자기가 바라지 않는 것은 남에게 행하지 않는다.
- 공자

스스로를 대단한 존재라고 생각하는 사람은 자기 가치를 제대로 알지 못하는 사람이다.

date / _____ , _____ / _____

hour / minute: _____ | 오늘 발견한 나의 모습

hour / minute: _____ ☆ 내일을 위한 오늘의 키워드

사색노트 _ EVERY DAY IS A NEW DAY

인간의 용기는
곤란하고 위험한 상황에
처했을 때만 알 수 있다

왕이 성인을 향해 물었다.
" 그대는 나를 생각하는 일이 있느냐?"
성인은 이렇게 대답했다.
" 신을 잊어버렸을 때 생각합니다."
- 사디

서로를 신뢰하고 도울 때 위대한 발견이 이루어진다.

항해의 묘미는 폭풍 속에서만 나타난다. 군대의 용감성은 전쟁을 통해서만 발휘된다. 인간의 용기는 그 사람이 곤란하고 위험한 상황에 처했을 때만 알 수 있다.
- 다니엘

빛은 빛대로 남는다. 장님이 그것을 보지 못한다 해도 마찬가지이다.

date / | /

hour / minute: 오늘 발견한 나의 모습

hour / minute: ☆ 내일을 위한 오늘의 키워드

사색노트 _ **EVERY DAY** IS A NEW DAY

잘못은 부끄러워하되
회개하는 것은
부끄러워하지 말라

우리는 누구나 어떤 면에서 병들어 있다. 다만 특별한 병의 증세를 찾지 못했을 때 우리는 그것을 건강이라 부른다.

잘못을 부끄러워하라. 그러나 회개하는 것은 부끄러워하지 말라.

별로 무섭지도 않은 것을 두려워하고 정말 가공할 만한 일은 두려워하지 않는 사람은, 허위의 관념에 의지하여 파멸의 길로 들어선 것이다.
- 붓다

남에게서 받은 악은 오직 덕으로 감싸안을 때만 지워버릴 수 있다.

죽음이 없는 인생은 형벌이나 다름없다. 그와 마찬가지로 고뇌가 없는 생활 또한 형벌이 될 수도 있다.

date / | /

hour / minute: 오늘 발견한 나의 모습

hour / minute: ☆ 내일을 위한 오늘의 키워드

■ 사색노트 _ **EVERY DAY** IS A NEW DAY

교만한 자는
그 이상으로
자신을 높일 수 없다

　진리다운 가치가 없는 진리, 영혼의 침실에서 가장 어리석은 착오와 함께 잠자는 진리, 가장 경멸해야 할 진리, 이런 것이 흔히 가장 중요한 진리라고 불린다.
- 콜리지

　전통은 엄밀하게 말해서 어떤 지식의 전달이 아니라 인간적 특성의 전달이다.

　발끝으로는 오랫동안 서 있을 수 없다. 자기 자신을 과시하는 사람은 빛날 수가 없고, 자기만족에 취해버린 사람은 영광에 도달할 수가 없다. 자랑하는 자는 보상을 바랄 수가 없다. 교만한 자는 그 이상으로 자신을 높일 수가 없다. 이성이 판단 앞에 나서면 그것들은 무용지물에 지나지 않는다. 그리하여 모든 사람들에게 혐오를 일으키게 하는 것이다. 그러므로 이성을 가진 사람은 자기 자신에게 지나친 신뢰를 두지 않는 법이다.
- 노자

겸손한 사람은 현재 자기가 하고 있는 일에 온 정성을 바친다.

date / _____ , _____ /_____

hour / minute: | 오늘 발견한 나의 모습

hour / minute: ☆ 내일을 위한 오늘의 키워드

사색노트 _ EVERY DAY IS A NEW DAY

순수한 사람은
아무도 알아주지 않는
생활을 할지라도 행복하다

자기의 운명이 행복해야 한다고 생각하는 사람은 결코 겸손한 사람이 될 수 없다.

세속적인 영광이나 명예를 얻기 위해서만 하는 행동은 그 결과가 어떻든 불순한 것이다.

우리는 자기에게 있지도 않은 것으로 자신을 꾸미려 하고, 현실을 멸시한다. 그리하여 만약 어떤 조그만 것이라도 얻게 되면 될 수 있는 대로 그것을 속히 공포하고, 그것이 자기 자신의 완성된 모습인 것처럼 착각하고 살며, 또한 그것을 과장하고 드러내길 좋아한다. 그것은 우리가 사람들의 시선을 너무 의식하고 용감하다는 평판을 얻기 위하여 노력하는 비겁자이기 때문이다.

- 파스칼

타인의 칭찬은 그대 행위의 결과에 따른 것이어야 한다. 결코 칭찬을 목적으로 삼아서는 안 된다. 그대가 정말 순수하다면 아무도 알아주지 않는 생활을 할지라도 행복하리라. 시험해보라. 말할 수 없는 환희를 맛보게 될 것이다.

date /   ,   /

hour / minute:

오늘 발견한 나의 모습

hour / minute:

☆ 내일을 위한 오늘의 키워드

사색노트 _ EVERY DAY IS A NEW DAY

인생의 가장 중요한
문제를 파악하려면
허위의 지식을 벗어던져라

누군가 그대를 슬프게 하거나 기분을 상하게 했을 때, 그대 마음이 진정될 때까지는 항의하기를 삼가라. 꼭 항의를 하려거든 흥분을 가라앉힌 다음에 하라.
- 에머슨

사회적 문제를 해결하기 위해 필요한 이해력은 논리적 능력으로만 얻어지는 것은 아니다. 그것을 위해서는 개인이나 단체의 이해를 초월해야만 한다. 그것은 먼저 정의를 찾지 않으면 안 된다. 모든 사회문제의 근본에는 언제나 그 어떤 공통된 부정을 발견할 수 있기 때문이다.
- 러스킨

인생에서 가장 중요한 문제를 파악하기 위해서는 무엇보다도 먼저 해야 할 일이 있다. 오랜 시일에 걸쳐서 쌓이고 모든 과정을 통해서 얻어진 허위의 지식을 타파하는 일이다.
- 에머슨

노여움을 진정시킬 수 없을 때는 입을 다물고 있어라. 그리하면 평온한 상태를 다시 찾을 수 있으리라.

date /   /

hour / minute: 오늘 발견한 나의 모습

hour / minute: ☆ 내일을 위한 오늘의 키워드

사색노트 _ **EVERY DAY** IS A NEW DAY

무슨 일이든
최후까지 최초와 같이
주의 깊게 행하라

말은 마음의 열쇠이다. 아무짝에도 쓸모없는 말은 부질없는 낭비다. 홀로 있을 때에는 자신의 죄를 생각하라. 사람들과 함께 있을 때에는 다른 사람의 죄를 잊어라.
- 노자

조용한 것은 조용한 대로 놓아둘 수가 있다. 아직 나타나지 않은 것은 억제하기가 쉽다. 약한 것은 깨뜨려버리기가 쉽다. 사물은 그것이 존재하기 전에 조심해야 한다. 무질서가 되기 전에 질서를 세워야 한다. 큰 나무도 가늘고 작은 가지가 자라서 크게 된 것이다. 높은 탑도 작은 벽돌들이 쌓여서 이루어진 것이다. 천릿길도 한 걸음부터 시작되는 법, 최후까지 최초와 같이 주의 깊게 하라. 그때 비로소 무슨 일이든 완수할 수 있게 될 것이다.
- 노자

논쟁을 피하는 것은 때로는 무척 어려운 일이다. 그러나 의견이란 것은 못(釘)과도 같아서, 머리를 때리면 때릴수록 더욱 깊이 안으로 파고든다.
- 유베날리스

말이 많을수록 옳지 않은 말을 하기가 쉽다.

date /   /

hour / minute: 오늘 발견한 나의 모습

hour / minute: ☆ 내일을 위한 오늘의 키워드

사색노트 _ **EVERY DAY** IS A NEW DAY

자신에게 엄격하고
남에게 겸손하면
적도 생기지 않는다

촛불이 흔들리지 않게 하기 위해서는 바람 없는 곳에 두어야 한다. 만약 바람 앞에 촛대가 놓인다면 불꽃이 흔들리고 위태로울 것이다. 우리 영혼에 바람 앞의 촛불처럼 흔들리는 괴이한 그림자를 드리우지 말라.
- 브라만 잠언

남의 단점을 비난할 때 본인에게 직접 하는 것은 유익하지만, 그 사람 앞에서는 침묵을 지키다가 그가 없을 때 다른 이들에게 그를 비난하는 것은 의롭지 못하다.
- 탈무드

자기 자신에 대해서는 엄격하라. 남에 대해서는 겸손하라. 그때 그대에게는 적이 없게 될 것이다.
- 중국 잠언

어느 날 밤 파티가 있었다. 모임이 거의 끝날 무렵, 한 손님이 인사를 하고 먼저 돌아갔다. 그러자 뒤에 남은 사람들은 일제히 그를 비방하기 시작하였다. 두 번째 돌아간 사람에게도 같은 악담이 퍼부어졌다. 그렇게 해서 손님들이 차례로 떠나고 마지막으로 한 사람만 남게 되었다. 혼자 남은 그는 주인에게 말했다.
"미안하지만 여기서 재워주십시오. 먼저 돌아간 사람들처럼 될까 두려워서 저는 집에 갈 수가 없군요."

date /   /

hour / minute:　　　　　　　　　오늘 발견한 나의 모습

hour / minute:　　　　　　　　☆ 내일을 위한 오늘의 키워드

▎사색노트 _ **EVERY DAY** IS A NEW DAY

죽음이 다가오면
응접실에서 나가듯
인생과 이별하라

　인간의 영혼을 불멸의 존재라고 믿는 것이 나의 착오에 지나지 않는다 하더라도 나는 그 착오에 만족한다. 그리고 내가 살아 있는 동안은 그 어떤 사람도 이런 신념을 빼앗아갈 수 없다. 또한 이 신념은 불변의 평화와 완전한 만족으로 나를 기쁘게 한다.
- 키케로

　말과 말 사이를 일부러 2, 3초씩 시간을 두고 하는 어떤 노인을 보았다. 그는 말 때문에 자신도 모르게 범할지도 모르는 죄악이 두려워 그렇게 한다고 했다.
- 파스칼

　나는 이 세상에 태어나 여기에 이렇게 살고 있다. 나는 그것을 결코 슬프게 생각하지 않는다. 나의 존재가 그 어떤 이익을 낳고 있다는 것을 생각할 수 있는 이유가 되기 때문이다. 죽음이 왔을 때 나는 응접실에서 나가듯이 인생과 이별하리라. 결코 집에서 나가듯이 이별하지는 않으리라. 이 세상에서의 존재 의미는 지나가버리고 마는 것이며, 일시적인 것에 지나지 않는다는 것을 알기 때문이다.
- 키케로

남을 비난하는 것은 어리석은 일이다. 그것은 자기에게나 남에게나 다 같이 해로운 일이다.

date / _____ / _____

hour / minute:　　　　　　　　　오늘 발견한 나의 모습

hour / minute:　　　　　　☆ 내일을 위한 오늘의 키워드

| 사색노트 _ **EVERY DAY** IS A NEW DAY

영웅은 평범할 수 없고
평범한 사람은
영웅이 될 수 없다

   영웅은 보통사람보다 용기가 훨씬 많은 사람이 아니라, 그저 딴사람보다 조금 더 오래 용기를 지속시킬 수 있는 사람일 뿐이다.

   영웅적 행위의 특성은 그 일관성에 있다. 사람은 누구나 떠들고 싶으면 떠들고 놀고 싶으면 놀고 마음 내키는 대로 행동하고 싶어 한다. 그러나 한번 마음먹었으면 자신에게 충실하라. 마음을 약하게 먹고 바깥세상과 타협하지 말라. 영웅은 평범할 수 없고 평범한 사람은 영웅이 될 수 없다.

   모든 것의 참된 의미를 알기 위해서는 눈에 보이는 모든 것을 보이지 않는 세계로, 육체적인 것을 정신적인 세계로 귀일시키는 마음의 자세가 필요하다. 인간은 자기 자신을 단지 육체적인 존재로 인식한다. 그러므로 그 사람은 해명할 수 없는 수수께끼와 모순 속에 빠지고 마는 것이다.
– 칼라일

죽음의 육체적 고통은 인간으로 하여금 반항심을 갖게 만든다. 그러나 고통이 있기 때문에 인간은 죽음을 원하기도 한다.

date /   /

hour / minute:

오늘 발견한 나의 모습

hour / minute:

☆ 내일을 위한 오늘의 키워드

사색노트 _ EVERY DAY IS A NEW DAY

약한 것은
강한 것을
이긴다

　영국의 왕 헨리 8세는 프랑스의 왕 프랑수아 1세를 지독하게 미워했다. 어느 날 헨리 8세는 한 신하에게 프랑스 궁정을 위협하는 전언을 주며 프랑수아 1세에게 전하도록 명했다. 그러자 명을 받은 신하가 부르르 떨면서 말했다.
　"만약 폐하께서 전하라고 하신 말씀을 프랑스 왕에게 전했다가는 저는 살아서 돌아오지 못할 것입니다."
　"그것은 걱정하지 마시오. 만약 프랑스 왕이 경을 사형에 처한다면 짐은 프랑스 사람을 모조리 잡아다 목을 자르겠소!"
　그 말을 듣고 신하가 다시 왕에게 말했다.
　"그 문제는 폐하의 자유입니다. 하지만 폐하, 영국의 어디를 가서 찾아도 제 목에 맞는 머리는 없을 것입니다."
　신하의 말을 듣고 난 헨리 8세는 더 이상 명령을 강요하지 못했다.

　이 세상에서 물같이 부드럽고 잘 순종하는 것은 없다. 그러나 한 방울의 물이 오랜 시간을 두고 떨어져 바위를 오목하게 만드는 것처럼, 그 어떤 강하고 단단한 것 위로 떨어질 때는 무엇보다도 힘센 것이다. 약한 것은 강한 것을 이긴다. 그러나 아무도 그것을 믿으려 하지 않는다.
　- 노자

인간의 참된 힘은 걱정 속에 있는 것이 아니라 파괴되지 않는 평안 속에 있다.

date / _____ ı _____ /

hour / minute:　　　　　　　　　오늘 발견한 나의 모습

hour / minute:　　　　　　☆ 내일을 위한 오늘의 키워드

사색노트 _ EVERY DAY IS A NEW DAY

족함을 아는 사람은
맨땅에 누워 있어도
편하고 즐겁다

가장 약한 것이 가장 강한 것을 이기는 법이다. 그러므로 공손의 덕은 위대하며, 침묵의 효과 또한 위대하다. 그러나 이 세상에서는 다만 소수의 사람들만이 공손할 수 있다.
- 세네카

공손의 덕을 쌓은 사람은 원추형의 꼭대기로부터 바닥 쪽을 향하여 내려오는 사람과 같다. 그가 내려오면 내려올수록 정신생활의 원둘레는 점점 더 넓어진다.
- 칸트

족함을 아는 사람은 맨땅 위에 누워 있어도 편하고 즐겁지만, 족함을 모르는 사람은 천당에 있어도 그 뜻에 맞지 않는다.

행복의 원리는 간단하다. 불만에 속지 않으면 된다. 불만이 있다고 자신을 학대하지 않는다면 인생은 즐거운 것이다.

date /   ,   /

hour / minute: | 오늘 발견한 나의 모습

hour / minute: ☆ 내일을 위한 오늘의 키워드

사색노트 _ EVERY DAY IS A NEW DAY

벽에 쓰인
한 줄 낙서에서도
배울 점을 찾아라

많은 것을 탐내는 자는 큰 불만을 갖는다. 신이 베푼 아주 적은 것으로써 충분히 만족하는 자는 행복하다. 자기가 가지고 있는 것에 대해 불만을 느끼는 자라면 전 세계를 자기의 것으로 만든다 하더라도 그는 불행할 것이다.

생각하는 방향이 올바르지 않으면 의지도 올바르지 않다. 의지는 생각하는 방향의 결과로 나타나는 것이기 때문이다. 사상의 방향은 인생의 계율 위에 자리잡고 정의의 관점에서 취급될 때만 가장 선한 것이 된다.
- 세네카

비록 그 사람의 행위가 말에 따르지 않는다 하더라도 학문이 있는 사람의 말에는 귀 기울여라. 인간은 비록 벽에 쓰인 낙서 한 줄을 읽더라도 뭔가 배울 점을 찾지 않으면 안 된다.
- 사디

자기완성을 추구하는 사람은 오직 앞을 내다볼 따름이다. 언제나 그 자리에 멈추어 있는 자만이 자기가 한 일을 뒤돌아본다.

date /   ,   /

hour / minute: 오늘 발견한 나의 모습

hour / minute: ☆ 내일을 위한 오늘의 키워드

| 사색노트 _ **EVERY DAY** IS A NEW DAY

현재의 삶에
최선을 다할 때
자유의 기쁨을 느낄 수 있다

  자신이 유익한 존재라는 자신감을 품는 것만큼 유익한 것은 없다.

  사람들이 갖고 있는 가장 일반적인 착오는, 지금은 결정적인 때가 아니라고 생각하는 것이다. 그날그날이 평생을 통해서 가장 좋은 날이라는 것을 마음속 깊이 새겨두어야 한다.
– 에머슨

  자신감이란 마음이 확신하는 희망을 품고 위대하고 영예로운 길로 나서는 감정이다.

과거의 일 때문에 마음 아파하고 또 미래에 닥쳐올 일에 대한 생각으로 마음이 괴로울 때, 삶은 오직 현재 속에서만 존재한다는 것을 생각하라. 그대가 현재 생활에 온 힘을 쏟을 때, 과거의 괴로움도 미래의 불안도 모두 사라진다. 그리하여 그대는 자유를 맛보며 기쁨을 느끼게 될 것이다.

date / _____ , _____ / _____

hour / minute:　　　　　　　　　| 오늘 발견한 나의 모습

hour / minute:　　　　　　　☆ 내일을 위한 오늘의 키워드

사색노트 _ EVERY DAY IS A NEW DAY

오늘보다 나은 내일을 위한 나의 실천 체크하기 **2**

: 하루 계획 실천하기

1.

2.

3.

: 일주일 계획 실천하기

1.

2.

3.

: 한 달 계획 실천하기

NOTES FOR CONTEMPLATION
LEV TOLSTOY

Tomorrow is just
another **Name for Today**

내일이란
오늘의 다른 이름일 뿐이다

■ 사색노트 _ **EVERY DAY** IS A NEW DAY

선한
생활은
행복하다

 오늘 자기의 육체를 최대한 이용하라. 내일이 오면 육체도 없어져버릴지 모르지 않는가.
 – 탈무드

 모든 생활이 항상 행복할 수는 없다. 그러나 선한 생활은 행복하다.
 – 세네카

 만약 그대가 이웃사람에게 악을 행하였을 때 그것이 아무리 사소한 것이었을지라도 큰 것으로 생각하라. 그리고 이웃사람에게 선을 행하였을 때는 그것이 아무리 큰 것이었을지라도 아주 작은 것으로 생각하라. 그리고 이웃사람이 그대에 대해서 행한 선은 그것이 아무리 사소한 것일지라도 큰 것이라고 생각하라.
 – 탈무드

 숙련된 선장은 폭풍우를 만났을 때 쓸데없이 폭풍에 저항하거나 미리 절망해서 풍파에 배를 내맡기지 않는다. 자신감과 성실로써 최후의 순간까지 전력을 다해 활로를 열고자 노력한다. 그러한 자세가 바로 인생의 고난을 돌파하는 요체이다.

date / _____ , _____ / _____

hour / minute:　　　　　　　　　　　오늘 발견한 나의 모습

hour / minute:　　　　　　　　☆ 내일을 위한 오늘의 키워드

사색노트 _ EVERY DAY IS A NEW DAY

모든 악의 감정은 반드시 그 사람의 마음에 흔적을 남긴다

끝까지 참고 견디는 사람은 구원을 받는다. 그러나 사람들은 얼마나 쉽게 절망하고 포기해버리는가. 조금만 더 노력한다면 목적이 이루어질 상황인데도 그만 돌아서버리는 것이다.
- 키케로

인간이 범하는 물질적인 악은 그 사람 자신에게 다시 돌아오지 않을지도 모른다. 그러나 악행으로 인하여 생기는 모든 악의 감정은 반드시 그 사람의 마음속에 흔적을 남기고, 결국은 그 사람에게 고통을 안겨준다. 악인은 타인을 해치기 전에 자기 자신을 해친다.
- 성 아우구스티누스

선을 행하지 않았던 사람은 다른 사람들의 위에 섰을 때 커다란 고뇌를 맛볼 것이다.
- 사디

비방을 받은 자는 편히 잠잘 수 있지만, 비방을 퍼뜨린 자는 결코 편히 잠들 수 없다.

date / _____ / _____ / _____

hour / minute:　　　　　　　　　　오늘 발견한 나의 모습

hour / minute:　　　　　　　　　　내일을 위한 오늘의 키워드

사색노트 _ EVERY DAY IS A NEW DAY

다수의 소리가 반드시
정의의 척도는
아니다

　만약 늙은 사람(경험이 많은 사람)이 그대에게 어떠한 것을 부서뜨리라고 하고, 젊은 사람이 세우라고 한다면 차라리 부서뜨리는 것이 낫다. 늙은 사람의 파괴는 건설이지만, 젊은 사람의 건설은 파괴이기 때문이다.
– 탈무드

　정의의 척도가 되는 것은 다수의 소리가 아니다.

　경이는 철학의 어머니다. 놀랍다고 느끼는 데서 철학이 시작된다. 놀라워할 줄 모른다는 것은 철학적 탐구의 불씨가 마음에서 꺼진 것이다. 요즘 사람들은 잘 놀랄 줄 모른다. 그건 유감스러운 일이다.
– 아미엘

건설하지 말라. 그보다는 무엇이든 심어라. 자연은 온갖 방법으로 건설물의 파괴를 가져올 뿐이지만 심은 것에 대해서는 결코 파괴하지 못한다. 오히려 성장을 가져오고 그대의 일을 돕는 것이다. 정신적 영역에 있어서도 마찬가지이다. 세계와 일치되는 일을 하라. 그러나 그대 자신의 욕망에만 일치시키지 않도록 하라.

date / _____ , _____ / _____

hour / minute:　　　　　　　　　　　　오늘 발견한 나의 모습

hour / minute:　　　　　　　　☆ 내일을 위한 오늘의 키워드

■ 사색노트 _ **EVERY DAY** IS A NEW DAY

똑바로 살고
노여움에 지지 말며
요구하는 자에게 내주어라

 알 수 없는 것을 알려고 애쓰는 것보다 알고 있는 것을 더 잘 알려고 하는 편이 낫다. 알 수 없는 것의 영역을 찾는 것처럼 지력을 소모하고 또 회의를 깊게 하는 일은 없다. 이해하지 못한 것을 이해한 것처럼 꾸미는 것은 가장 옳지 못한 행위이다.

 자기가 쓰고 남은 물건을 남에게 주면서, 물론 가난한 사람들에게 그것이 소용에 닿더라도, 그대 자신을 자비로운 사람이라고는 생각지 말라. 참된 사랑은 그 이상으로 그대에게도 꼭 필요한 것을 기꺼이 남을 위해 내어놓는 것이다.
- 마치니

 똑바로 살아라. 노여움에 지지 말라. 요구하는 자에게 주어라. 이 세 가지 길을 걸음으로써 마침내 그대는 성스러운 것에 가까워질 것이다.
- 붓다

 증오는 가슴에서, 경멸은 머리에서 나온다. 그러나 둘의 공통점은 언젠가 둘 다 자기에게로 돌아온다는 것이다.

date / _____ , _____ /

hour / minute:

오늘 발견한 나의 모습

hour / minute:

☆ 내일을 위한 오늘의 키워드

■ 사색노트 _ **EVERY DAY** IS A NEW DAY

사람들은
눈에 보이는
행동만 믿는다

얼마만큼 자기의 의지대로 생활하느냐, 또는 얼마나 다른 사람의 의견을 좇아 생활하느냐에 따라, 사람들 사이에는 가장 중요한 차이가 생겨난다.
- 에머슨

만약 그대가 다른 사람의 악한 생활을 지적하려 한다면 우선 자기 자신이 선한 생활을 하지 않으면 안 된다. 말로써 남의 나쁜 점을 지적하기란 얼마나 쉬운 일인가. 그러나 사람들은 눈에 보이는 행동만을 믿는 법이다.
- 소로

그대 자신을 인도하는 빛이 되어라. 자신에 대한 신뢰를 잃지 마라. 자기 자신의 빛을 높이 걸고, 결코 그 밖에서 피난처를 찾지 않도록 하라.
- 붓다

사랑은 과식하는 법이 없다. 욕정의 과식은 결국 정신을 죽게 만든다. 사랑에는 진실이 넘쳐나지만, 욕정은 허망으로 가득 차 있다.

date / _____ / _____

hour / minute: 오늘 발견한 나의 모습

hour / minute: ☆ 내일을 위한 오늘의 키워드

■ 사색노트 _ **EVERY DAY** IS A NEW DAY

언어로 표현된
모든 사상은
힘이 세다

말은 행위 그것이다. 자신이 실제로 느끼지 않은 것은 결코 입 밖에 내지 말라. 그리고 허위로써 그대의 마음을 어둡게 하지 말라.

아폴론은 프리아모스 왕의 딸 카산드라에게 반해 어쩔 줄을 몰랐다. 그는 그녀로부터 미래의 일을 미리 알 수 있게 해주면 몸을 허락하겠다는 약속을 받고 그것을 가르쳐주었다. 그러나 카산드라는 약속을 어기고 몸을 허락하지 않았다. 그래서 아폴론은 한 번만 키스를 하도록 해달라고 간청하여, 그녀와 입을 맞추면서 그녀의 몸에서 설득력을 뽑아버렸다. 이 때문에 카산드라는 예언하는 힘은 남았지만 설득력을 잃어버려, 이후 아무도 그녀의 예언을 믿지 않았다.

언어로 표현된 모든 사상은 그 힘이 세다. 그 영향력도 한계가 없다.

적이 때로는 친구보다 유익할 때가 있다. 친구는 언제나 죄를 용서해주지만, 적은 죄를 들추어내며 주의를 주기 때문이다. 적의 심판을 결코 가볍게 여기지 말라.

date /   /   /

hour / minute:　　　　　　　　　　　오늘 발견한 나의 모습

hour / minute:　　　　　　　☆ 내일을 위한 오늘의 키워드

■ 사색노트 _ **EVERY DAY** IS A NEW DAY

왜 사람들은
자신 속의 악과는
싸우려고 하지 않는가

　이상한 일이다. 사람들은 타인의 악에 대해서는 화를 내고 싸우지만 자기 자신 속의 악과는 싸우려고 하지 않는다. 타인의 악은 제아무리 애를 쓰더라도 고칠 수 없지만, 자기 자신 속의 악은 노력하는 만큼 이겨낼 수 있다.

　우리 모두는 어리석은 인간이다. 그러므로 타인을 비난하는 것은 항상 우리 자신 속에서도 찾아볼 수 있는 결점이다. 서로 너그러이 용서하라. 이 세상에서 평화롭게 살아가는 길은 하나밖에 없다. 그것은 용서하는 길이다.
- 칼라일

　우리들 가운데 가장 보잘것없다고 여겨지는 자라 할지라도 어떤 능력 하나는 가지고 태어났다. 비록 그 능력이 아무리 평범한 것이라 해도 올바르게만 적용한다면 모든 인간이 공유할 수 있는 능력으로 변할 수 있는 것이다.

자신의 부끄러운 기억을 어두컴컴한 구석진 곳에 숨기려고 애쓰지 말라. 그 반대로 남을 대할 때마다, 언제나 그 기억을 선용할 수 있도록 준비해두어라.

date / _____ ı _____ / _____

hour / minute:　　　　　　　　　　오늘 발견한 나의 모습

hour / minute:　　　　　　　　☆ 내일을 위한 오늘의 키워드

사색노트 _ **EVERY DAY** IS A NEW DAY

변화는
대자연의 가장 중요한
본질 가운데 하나다

고민에는 여러 가지 종류가 있다. 자기의 의무를 다하기 위한 괴로움도 있고 운명과 싸우며 견디는 괴로움도 있다. 또 나쁜 유혹들을 물리치려고 애쓰는 괴로움도 있고 무엇인가 좋은 일을 하고 올바른 것을 지키기 위한 괴로움도 있다. 이 모든 괴로움은 우리 정신의 양식이 될 수 있다.

괴로움을 스스로 이겨나가지 않는 자는 자기의 영혼을 구할 수 없다.

그대는 어째서 변화를 두려워하는가. 변화는 대자연의 가장 중요한 본질 가운데 하나이다. 장작의 형태를 바꾸지 않고는 물을 끓일 수 없다. 식물은 그 형태를 바꾸지 않고는 영양분이 될 수 없다. 이 세계의 모든 생명이 변화함으로써 존재하는 것이다. 그대를 기다리고 있는 변화도 자연 그 자체로서 필연적 의의밖에는 아무것도 갖고 있지 않음을 기억하라.
- 아우렐리우스

한 알의 씨앗이 땅에 떨어져 썩지 않는다면 그 한 알에 그치리라. 그러나 그것이 썩으면 이윽고 풍성한 열매를 맺게 되리라.

date / _____ / _____

hour / minute: 오늘 발견한 나의 모습

hour / minute: ☆ 내일을 위한 오늘의 키워드

■ 사색노트 _ **EVERY DAY** IS A NEW DAY

예절의 굴레에서 벗어난 사람은
아주 잘났거나
아주 모자란 사람이다

　방앗간 주인은 이렇게 생각한다. '보리는 내 풍차를 돌게 하기 위해서 자란다.'고.

　이기심은 인간성의 주된 동기이다. 그것은 사람이라면 도저히 피할 수 없는 특질이기 때문에 우리 존재는 이 특질에 의해 결정된다. 그러나 나는 이기심을 악덕이라고 부르고 싶지는 않다. 이기심이 없었다면 오늘의 우리도 없었을 것이다.

　사람이 참된 천성을 잃는다면 그저 편리한 것만이 그 천성으로 되고 만다. 인간이 그와 같이 참된 행복을 잃어버린다면 오직 자기에게 편리한 것만이 행복이 될 뿐이다.
– 파스칼

도덕의 거짓 탈을 벗고 예절의 굴레에서 벗어나는 사람은 아주 잘난 사람이거나 반대로 아주 모자라는 사람이리라. 여기서 잘난 사람이란 의미는 도덕과 예절의 굴레를 그가 자의적으로 벗어버렸기 때문이요, 또 모자란 사람이란 의미는 그가 도덕 하나 제대로 지키지 못하는 위인이기 때문이다.

date /   /

hour / minute: 오늘 발견한 나의 모습

hour / minute: ☆ 내일을 위한 오늘의 키워드

사색노트 _ **EVERY DAY** IS A NEW DAY

허위와 부끄러움은
악마가 즐겨 쓰는
무기이다

좌절이 있기 때문에 우리는 불행하다. 손이나 발 때문에 그대가 좌절하게 된다면 그것을 끊어버려라. 불구로 살아가는 것은 온전한 육체로 영원히 불길 속으로 던져지는 것보다는 나은 일이다. 또 그대의 눈이 그대를 좌절하게 만든다면 그 눈을 빼버려라. 외눈으로 생명을 이어가는 것은 두 눈을 멀쩡하게 뜨고서도 영겁의 불 속에 던져지는 것보다 나은 것이다.
- 성서

허위와 부끄러움은 악마가 즐겨 쓰는 무기이다. 거짓 자랑이 더하면 더할수록 허위의 부끄러움도 더 커진다. 거짓 자랑은 악을 낳을 뿐이지만 허위의 부끄러움은 선을 마비시킨다.
- 러스킨

상처가 없는 손이라면 독사도 만질 수 있는 것이다. 강한 손에는 독도 해를 끼칠 수 없다. 스스로 악을 만들어내지 않는 사람에게만 악은 무해한 것이다.
- 붓다

남을 설복시킬 수 있는 사람은 강한 사람이다. 그러나 가장 강한 사람은 자신의 감정을 극복한 사람이다.

date / _____ / _____ / _____

hour / minute: 오늘 발견한 나의 모습

hour / minute: ☆ 내일을 위한 오늘의 키워드

| 사색노트 _ **EVERY DAY** IS A NEW DAY

다른 사람에게
저항하기보다
먼저 자신에게 저항하라

자기의 의무를 완수하려고 노력하는 자는 희망을 볼 것이요, 자기의 의무를 수행할 때 역량이 다하지 못함을 부끄러워하는 자는 그것을 완수하는 데 필요한 정신력을 눈앞에서 볼 것이다.
- 공자

낮에는 밤의 꿈자리가 편안하도록 행하라. 젊었을 때는 노년이 편안하도록 행하라.
- 인도 잠언

신을 섬기는 방법은 단 하나밖에 없다. 그것은 자기의 의무를 완수하는 것이다. 그리고 이성이 지시하는 대로 행동하는 것이다.
- 리히텐베르크

사람은 먼저 자기 자신을 통솔할 줄 알아야 한다. 자기 한 몸을 통솔하지 못하고 어떻게 남을 통솔할 것인가. 노여움이나 분노를 격렬하게 드러내는 자는 자기를 통솔하지 못하는 자다. 다른 사람에게 저항하기보다 먼저 자신에게 저항해야 한다. 자기 자신을 극복하는 것이 남에게 이기는 길이다.

date / _____ , _____ /

hour / minute:

오늘 발견한 나의 모습

hour / minute:

☆ 내일을 위한 오늘의 키워드

사색노트 _ **EVERY DAY** IS A NEW DAY

인생에는 체념의 순간도
필요하다는 사실을
기억하라

자기 자신이나 타인의 말을 믿지 말라. 오직 자기 자신과 타인의 행위만을 믿어라.

인생에는 목표를 향해 힘차게 나아가는 의지력이 필요한 반면, 이미 지나간 일에 대한 체념이 필요하다. 힘차게 나아갈 때 나아가고 물러설 때 물러설 줄 아는 것이 인생의 지혜이다. 성공한 사람이 한 번의 실패로 자신을 망치는 것은 그것으로 인해 너무 상심했기 때문이다. 인생에는 체념의 순간도 필요하다는 사실을 잊지 말라.

체념에는 두 가지 종류가 있다. 하나는 절망에 뿌리를 내린 것이고, 또 하나는 누르려고 해도 누를 수 없는 희망에 뿌리를 내린 것이다.

항상 진리로써 행하며, 진리에 입각해서 말하고, 진리만을 생각하고 깨우쳐라. 진리를 배우기 시작함으로써 우리는 스스로 진리로부터 얼마나 멀리 떨어져 있는가를 알게 될 것이다.

date /   /

hour / minute:　　　　　　　　　오늘 발견한 나의 모습

hour / minute:　　　　　　　　☆ 내일을 위한 오늘의 키워드

사색노트 _ EVERY DAY IS A NEW DAY

눈에 보이지 않는 작은 일이 쌓여 사회변혁이라는 큰 물결을 이룬다

아무리 작은 일이라 할지라도 그대는 사회개혁 운동에 참여하지 않으면 안 된다. 작고 눈에 보이지 않는 일이 쌓임으로써 사회변혁이라는 큰 물결이 이루어진다.

생활의 목적을 정신의 완성에 두고 있는 인간에게는 불만족이란 있을 수 없다. 그가 바라는 것은 모두 그의 내부에 존재하고 있기 때문이다.
- 파스칼

굳센 정신을 가진 사람이라면 외부세계의 장애는 아무 문제가 되지 않는다. 맹수들은 장애에 부딪치면 한층 더 사나워진다. 마찬가지로 굳센 정신력으로 모든 일을 헤쳐나가는 사람에게는 장애가 도리어 강한 힘을 더해줄 뿐이다.
- 아우렐리우스

인류는 끊임없이 완성을 향해 나아간다. 그러나 아무것도 하지 않고 완성되어가는 것은 아니다. 사람들이 스스로 완성을 이루기 위해 노력하기 때문에 발전이 이루어지는 것이다.

date / | /

hour / minute: 오늘 발견한 나의 모습

hour / minute: ☆ 내일을 위한 오늘의 키워드

사색노트 _ EVERY DAY IS A NEW DAY

자신을 믿는다면
어떤 희망도
불만족으로 끝나지 않는다

참다운 행복은 도덕 그 자체이다.
- 세네카

그대가 불만을 느끼거나 두려워하는 것은 자기 자신을 믿지 않기 때문이다. 만약 그대가 자신을 믿는다면 어떤 희망도 불만족으로 끝나지는 않는다. 그대 자신 속에 존재하는 희망은 이루어질 것이기 때문이다. 그러니 아무것도 두려워할 필요가 없다.
- 에머슨

피로가 계속되면 사람은 쉬이 늙는다. 기분 좋게 일했을 때는 많은 일을 해도 크게 피로하지 않으나 하기 싫은 일을 하면 짧은 시간에도 피로가 몰려온다. 또한 초조나 고민 같은 심리 상태가 피로를 가중시키고 있다. 그러므로 먼저 천천히 쉬운 일부터 시작하는 것이 좋다.

우리를 피로하게 하는 것은 사랑이나 죄악이 아니라 지나간 일을 돌이켜보고 탄식하는 것이다.

date / _____ ı _____ / _____

hour / minute: 　　　　　　　　　오늘 발견한 나의 모습

hour / minute: 　　　　　　　　☆ 내일을 위한 오늘의 키워드

│ 사색노트 _ EVERY DAY IS A NEW DAY

덕이 있는 사람은
통찰하기를
게을리하지 않는다

  예언자의 시대는 없어졌지만, 속임을 당하는 사람의 시대는 절대로 없어지지 않는다. 프랑스의 왕 루이 11세는 불길한 예언을 하여 우매한 백성들을 미혹시킨다는 이유로 어떤 예언자를 사형에 처하기로 하였다. 그러고는 그자를 붙잡아 앉혀놓고 물었다.
  "너는 다른 사람의 운명은 잘 맞히는 모양인데, 너 자신의 운수는 알고 있느냐? 그래, 너는 앞으로 몇 해나 더 살 거라고 생각하느냐?"
  예언자는 잠시 침묵을 지키다 대답했다.
  "실상 제 운명에 대해서는 아는 바가 없습니다. 다만 폐하께서 돌아가시기 3일 전에 제가 죽을 것이라는 것을 알고 있습니다."
  루이 11세는 즉각 사형을 중지시켰다.

  이성의 위치에서 통찰하기를 게을리하지 않는 사람은 덕이 높은 사람이다. 덕이 없는 사람들은 언제나 무지하며 죄악에 빠지기 쉽다.
  - 중국 잠언

어떤 일이 그대 앞에 닥쳐올지라도 자기 자신을 잃지 않으면 결코 파멸하지 않을 것이다.

date / _____ / _____ /

hour / minute: 　　　　　　　　　　　오늘 발견한 나의 모습

hour / minute: 　　　　　　　　　☆ 내일을 위한 오늘의 키워드

| 사색노트 _ **EVERY DAY** IS A NEW DAY

아이들은
보는 대로 들은 대로
행동한다

옳다고 믿지도 않으며, 확고한 근거도 없다고 생각하는 지식을 신성하고 부정할 수 없는 진리인 것처럼 아이들에게 가르치는 것은 큰 죄악이다. 아이들에게는 항상 확실한 것만을 가르치도록 하라.

아이들은 보는 대로 들은 대로 행동한다. 그러므로 교육적으로 가장 중요한 것은 아이들에게 영향을 줄 가르침의 선택이다.

인간은 누구나 유년 시대에 받은 인상이 가장 강렬하다. 그리고 아이들 자신의 판단은 그들이 직접 눈으로 보고 겪는 실생활의 천 분의 일만큼의 영향력도 없다. 그러므로 가르침과 상반되는 부모의 언행을 가까이서 보고 자란 아이들에게는 아무리 책을 읽혀도 소용이 없다.

아이들에게 행해진 모든 도덕적인 교육은 훌륭한 모범이 뒤따르지 않으면 안된다. 그대 자신이 선한 생활을 하라. 적어도 그렇게 하려고 노력하라.

date / _____ | _____ /

hour / minute:　　　　　　　　　　오늘 발견한 나의 모습

hour / minute:　　　　　　　　☆ 내일을 위한 오늘의 키워드

■ 사색노트 _ **EVERY DAY** IS A NEW DAY

사랑은 나를 위해서는 약하고
남을 위해서는
강하다

　큰 희생을 하는 것은 어렵지 않다. 그러나 작은 희생을 줄곧 계속하는 것은 힘이 든다.

　죽음의 공포보다 강한 것은 사랑의 감정이다. 헤엄을 못 치는 아버지가 자식이 물에 빠진 것을 보고 물속에 뛰어드는 것은 사랑의 감정이 시킨 것이다. 사랑은 나 이외의 사람을 나보다 더 아끼는 감정에서 나온다. 인생에는 수많은 문제와 모순이 있지만, 그것을 해결할 길은 오직 사랑뿐이다. 사랑은 나 자신을 위해서는 약하고 남을 위해서는 강하다.

　정신적인 생활을 하고 있는 사람들은 나이가 들면 들수록 그 지혜의 세계가 넓어진다. 그뿐 아니라 더욱더 자의식이 명백해진다. 그러나 세속적인 생활을 하고 있는 사람들은 나이가 들면 들수록 점점 더 약해질 뿐이다.
– 탈무드

폭력에는 폭력으로 대항할 수 있다. 다만 폭력에 대항하지 않음으로써, 또 폭력에 참가하지 않음으로써 폭력을 정복할 수 있는 것이다.

date / _____ | _____ /

hour / minute:

오늘 발견한 나의 모습

hour / minute:

내일을 위한 오늘의 키워드

■ 사색노트 _ **EVERY DAY** IS A NEW DAY

시간은 멈추어 있을 뿐
흘러가는 것은
그대 자신이다

　성인은 어떤 사람의 말 한마디로 그 사람의 가치를 판단하지 않는다. 또한 하잘것없는 사람의 말이라고 해서 그 말을 함부로 흘려듣지도 않는다.
- 공자

　우리들의 마음속에 있는 악은 덩달아 다른 악을 키우기도 한다. 그런 악은 근원을 없애버리면 저절로 사라진다. 마치 나무 밑동을 자르면 가지가 저절로 말라버리듯이…….
- 파스칼

　시간이 흐른다고, 그대는 항상 불확실한 기억에 의존해 말한다. 시간은 멈추어 있는 것이다. 흘러가는 것은 그대 자신이다.
- 탈무드

인생은 낙원이다. 사람들은 모두 낙원에서 살고 있다. 다만 우리가 그것을 알려고 하지 않을 뿐이다. 만약 우리가 그 사실을 깨닫는다면 이 지상에는 내일이라도 당장 낙원이 이루어질 것이다.

date /   ,   /

hour / minute:　　　　　　　　　　　　오늘 발견한 나의 모습

hour / minute:　　　　　　　　☆ 내일을 위한 오늘의 키워드

사색노트 _ EVERY DAY IS A NEW DAY

승리는 목표가 아니라 목표에 도달하는 하나의 단계이다

　인간의 본성 속에는 싸움의 세 가지 원인이 있다. 첫째 경쟁, 둘째 불신, 셋째 명예이다. 경쟁이 원인이 되어 인간은 자신의 먹이를 구하여 침략한다. 불신이 있기 때문에 안전을 구하는 것이고, 명예를 지키는 것 때문에 평판을 구하여 침략한다.

　인간의 덕성은 뛰어난 노력으로 이루어지는 것이 아니라 매일매일의 행위로 이루어지는 것이다.
- 파스칼

　매일 아침의 여명은 생활의 시작이며, 매일 저녁의 석양은 생활의 끝이라고 생각할 수 있다. 이 짧은 일생의 매일을 남을 위해서 바치는 사랑, 그리고 자기 자신을 향해서 기울이는 노력의 흔적으로 훗날에 남기도록 하라.
- 러스킨

　승리는 목표가 아니라 목표에 도달하는 하나의 단계이며, 방해물을 제거하는 데 지나지 않는다. 목표를 잃으면 승리도 공허한 것이다.

date / _____ , _____ / _____

hour / minute: | 오늘 발견한 나의 모습

hour / minute: ☾ 내일을 위한 오늘의 키워드

쉬지 않고
진리를 추구하는 사람은
반드시 승리한다

읽거나 쓸 수 있도록 하는 것만이 교육이 아니다. 만약 사람들에게 모든 생물에 대해서 선량하고 따뜻한 태도를 갖지 못하게 한다면 그것은 교육이라고 할 수 없다.
- 러스킨

인간이 정신수양을 포기하면 육체가 그를 정복하고 만다. 인생의 중대한 과오를 범한 사람들은 진리를 얻기 어렵다. 그 과오로 인한 모든 악영향이 그의 온 정신을 사로잡기 때문이다. 그러나 우리가 쉬지 않고 진리를 추구한다면 반드시 최후의 승리를 얻게 되리라. 진리는 힘이 세기 때문이다.
- 맬러리

남을 비방하는 것은 확실히 재미있는 일이다. 이 재미있는 일이 당사자에게는 얼마나 해로운 것인지를 이해하지 못하는 사람은 좀처럼 타인에 대한 비방을 그치지 않는다. 비방이 남을 해롭게 한다는 것을 알고 있으면서도 재미로 계속하는 것은 무서운 죄악이다.

타인의 과실을 쉽게 용서할 수 있는 사람, 동시에 자기 자신에 대해서는 아무것도 용서하지 않을 만큼 행실을 신중히 하는 사람은 진실로 고귀한 사람이다.

date /   ,   /

hour / minute:　　　　　　　　　　　오늘 발견한 나의 모습

hour / minute:　　　　　　　　☆ 내일을 위한 오늘의 키워드

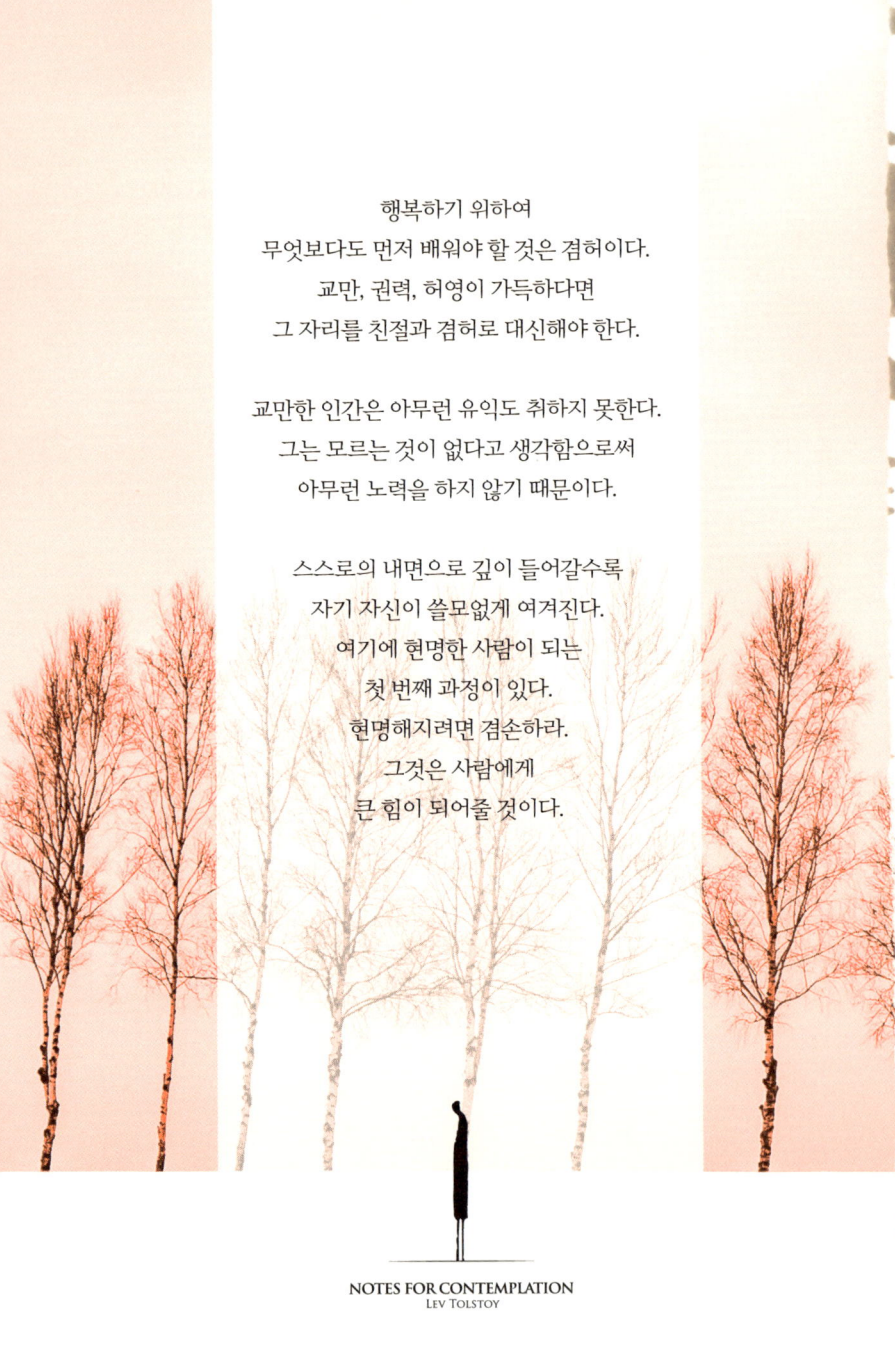

행복하기 위하여
무엇보다도 먼저 배워야 할 것은 겸허이다.
교만, 권력, 허영이 가득하다면
그 자리를 친절과 겸허로 대신해야 한다.

교만한 인간은 아무런 유익도 취하지 못한다.
그는 모르는 것이 없다고 생각함으로써
아무런 노력을 하지 않기 때문이다.

스스로의 내면으로 깊이 들어갈수록
자기 자신이 쓸모없게 여겨진다.
여기에 현명한 사람이 되는
첫 번째 과정이 있다.
현명해지려면 겸손하라.
그것은 사람에게
큰 힘이 되어줄 것이다.

NOTES FOR CONTEMPLATION
Lev Tolstoy